1 Ernährung bei TCM - Lunge - Yin Mangel

Diese Empfehlungen bitte immer mit dem TCM-Ernährungsberater/in, oder TCM-Arzt/in absprechen! Die Rezepte und Zutatenlisten unterstützen die Therapien nach der Traditionellen Chinesischen Medizin.

Die Kalorienangaben frischer Zutaten (Obst und Gemüse) schwanken je nach Qualität und Erntezeit. Die Inhalte wurden von einer Diätologin und einer Ernährungsberaterin für die Traditionelle Chinesische Medizin (TCM) geprüft.

Autor & Design:
©2016 Josef Miligui
www.ebns.at

AF164001

Quelle:
Die Listen werden aus der TCME-Datenbank für die Ernährungsberatung generiert. Die Datenbank wird von Ernährungsberater, Therapeuten, Ärzte und Gastronomiebetrieben für die Beratung der Patienten/Klienten und Gästen verwendet.

Literaturliste:
Wir haben die Unterlagen als Wissensbasis genutzt und an unsere Erfahrungen angepasst und ergänzt.
http://ebns.at/index.php/de/datenbank/literaturliste

Herstellung und Verlag:
BoD – Books on Demand, Norderstedt
ISBN: 9783741281600

TCM - Ernährung bei - Lunge - Yin Mangel
(Buch: 235)

2 Definition der möglichen Symptome

Befragen
- Allgemein
  - Trockene Erkältungskrankheiten
  - Rauchen
- Husten
  - Trockener Husten oder Husten mit wenig klebriger gelber Sputum, extrem: Blut im Sputum
- Kälteempfinden
  - Hitzegefühl am Nachmittag
- Körpersäfte
  - Säfte Verlust durch Sonne, Sauna
- Körpertemperatur
  - Fieber
- Lebensumgebung
  - Nachtarbeit
  - Klimaanlage
- Psyche
  - Schwankend was man denkt
- Schlafgewohnheit
  - Schlafmangel
  - Schlafstörungen
- Schwitzen
  - Schwitzt kalt
  - Nachtschweiß, 5 heiße Stellen
- Stimme
  - Rauhe Stimme, kratziger Hals
- TCM Vorgeschichte
  - chronischer Lu Qi Mangel
  - Nieren Yin Mangel

Betrachten
- Gesicht
  - Gerötete Wangen
- Körper
  - Alles trocken : Gesicht, Haut, Kehle
  - Abmagerung, ausgezehrtes Gesicht, Hals

Pulsdiagnostik
- Puls

Oberflächlich, schnell, dünn

Traditionelle Diagnose
Blut
> Blutverlust

Zungendiagnostik
Zunge
> Rot (Yin Mangel) , ev. Kleine Risse im ersten Drittel, trocken, wurzelloser Belag

1   Ernährung bei TCM - Lunge - Yin Mangel 1
2   Definition der möglichen Symptome 2
3   Therapiestrategie 5
4   Vermeiden 5
5   Speiseplan 5
    5.1   Frühstück 5
    5.2   Jause 6
    5.3   Mittag 6
    5.4   Nachmittag 7
    5.5   Abend 7
    5.6   Jederzeit 8
6   Rezepte 8
    6.1   Acht Schätze Reis 8
    6.2   Adzukibohnen-Reis-Suppe 9
    6.3   Apfelmus mit Rosinen 9
    6.4   Artischockensuppe 10
    6.5   Austernpilze mit Spargel 10
    6.6   Baby Frühlingsgemüse 11
    6.7   Baby Milchfreier Getreide-Obst-Brei 12
    6.8   Basmatireis + Zucchini-Tofupfanne 12
    6.9   Birnen Kompott 13
    6.10 Birnensaft 13
    6.11 Buddhistische Reissuppe 13
    6.12 Datteln-Coco-Mandelmuss-Cous-Cous 14
    6.13 Dinkelgrieß-Brei mit Beeren der Saison 15
    6.14 Frühstück - Reis mit Früchten 15
    6.15 Gemüse-Kartoffel-Fleisch-Brei 16
    6.16 Gemüse-Miso-Suppe mit Tofu 17
    6.17 Geröstete Hirse mit Stangensellerie 17
    6.18 Geröstete Nüsse 18
    6.19 Grießschnitten 18
    6.20 Grundrezept für eine Entenbrühe 18
    6.21 Gurkensuppe 19

6.22	Hirse mit Ei und Butter	19
6.23	Hühnersuppe mit Angelikawurzel und Bocksdornfrüchten	20
6.24	Italienischer Champignonreis	20
6.25	Kohlrabi Zweierlei	21
6.26	Kokoswasser	22
6.27	Kühlendes Reisgericht mit Grapefruit	22
6.28	Misosuppe mit Tofu	23
6.29	Paprika-Putenfleisch mit Reis und Salat	23
6.30	Polenta mit Pfirsich	24
6.31	Reis mit gedämpftem Gemüse	25
6.32	Reis-Congee mit Honigbirne und schwarzem Sesam	25
6.33	Reissuppe mit Ente	26
6.34	Rettich mit Zucker	26
6.35	Rettichsaft	26
6.36	Rote Linsen mit Avocado und Rettich	27
6.37	Schwarze Bohnen mit Avocado	28
6.38	Selleriesaft	28
6.39	Tee Eibisch-Tee	29
6.40	Tee Stangensellerietee	29
6.41	Topfenknödel auf Erdbeermus	29
6.42	Traubensaft mit heißem Wasser	30
6.43	Tsampa mit Marmelade oder Obstkompott	30
6.44	Ungarischer Reissalat	31
6.45	Vegetarischer Gemüse-Getreide-Kartoffelbrei	32
6.46	Weizenfrischkornbrei mit Birnen	32
7	Wirkung der Lebensmittel	33
7.1	Zutaten verwenden: empfehlenswert	33
7.2	Zutaten verwenden: ja	45
7.3	Zutaten verwenden: wenig	47
7.4	Kontraindikativ wirkende Lebensmittel nicht verwenden	50
8	Therapeutische Kräuter und deren Wirkungen	51
9	Kräuter aus den Rezepten und deren Wirkungen	51
9.1	Kamille	51
9.2	Koriander	51
9.3	Kresse	51
9.4	Lauchzwiebel Schnittlauch	52
9.5	Lilienzwiebel	52
9.6	Makannasternsamen	52
9.7	Petersilie	52
9.8	Pfefferminze	52
9.9	Salbei	52
9.10	Yamswurzel, Yamswurzelknolle	52
10	Grundlagen der Ernährung	53

10.1	Ernährung	53
10.2	Rezepte	55
10.2.1	Rezepte nach Folge der Elemente kochen	56
10.3	Lebensmittel	56
10.4	Kräuter	58
11	Weitere Ernährungsvorschläge	59
12	EBNS - Software für die Ernährungsberatung	62

3 Therapiestrategie

Lu-Yin nähren u befeuchten, Mitte stärken, Nieren-Yin nähren. - heiß NEIN, warm WENIG, neutral u erfrischend JA, kalt WENIG

4 Vermeiden

Bitter-austrocknende, austrocknende Getränke, Alkohol, Sake, Lamm, Truthahn, Pute, scharf-heiße u warme Gewürze, sehr salziges (Wurst, Käse, Schinken, Geräuchertes), gegrilltes, frittiertes, trockene Luft, Klima, Bildschirm, Rauchen, Kunstfasern

5 Speiseplan

Kalorien

5.1 Frühstück

Adzukibohnen-Reis-Suppe	199
Birnensaft	180
Buddhistische Reissuppe	279
Datteln-Coco-Mandelmuss-Cous-Cous	483
Dinkelgrieß-Brei mit Beeren der Saison	243
Frühstück - Reis mit Früchten	230
Gemüse-Miso-Suppe mit Tofu	106
Geröstete Hirse mit Stangensellerie	400
Geröstete Nüsse	973
Grießschnitten	331
Gurkensuppe	95
Hirse mit Ei und Butter	338
Italienischer Champignonreis	256
Kokoswasser	30
Kühlendes Reisgericht mit Grapefruit	234
Misosuppe mit Tofu	52

Polenta mit Pfirsich 197
Reis-Congee mit Honigbirne und schwarzem Sesam 158
Schwarze Bohnen mit Avocado 263
Selleriesaft 33
Topfenknödel auf Erdbeermus 553
Tsampa mit Marmelade oder Obstkompott 280
Ungarischer Reissalat 421
Weizenfrischkornbrei mit Birnen 309

5.2 Jause

Adzukibohnen-Reis-Suppe 199
Apfelmus mit Rosinen 73
Baby Milchfreier Getreide-Obst-Brei 220
Dinkelgrieß-Brei mit Beeren der Saison 243
Kohlrabi Zweierlei 278

5.3 Mittag

Acht Schätze Reis 212
Adzukibohnen-Reis-Suppe 199
Artischockensuppe 142
Austernpilze mit Spargel 316
Baby Frühlingsgemüse 63
Basmatireis + Zucchini-Tofupfanne 145
Birnensaft 180
Buddhistische Reissuppe 279
Datteln-Coco-Mandelmuss-Cous-Cous 483
Dinkelgrieß-Brei mit Beeren der Saison 243
Gemüse-Kartoffel-Fleisch-Brei 127
Gemüse-Miso-Suppe mit Tofu 106
Geröstete Hirse mit Stangensellerie 400
Geröstete Nüsse 973
Grießschnitten 331
Gurkensuppe 95
Hirse mit Ei und Butter 338
Hühnersuppe mit Angelikawurzel und Bocksdornfrüchten 77
Italienischer Champignonreis 256
Kokoswasser 30
Kühlendes Reisgericht mit Grapefruit 234
Misosuppe mit Tofu 52
Paprika-Putenfleisch mit Reis und Salat 391
Polenta mit Pfirsich 197
Reis mit gedämpftem Gemüse 92

Reis-Congee mit Honigbirne und schwarzem Sesam 158
Reissuppe mit Ente 160
Rettichsaft 9
Rote Linsen mit Avocado und Rettich 268
Schwarze Bohnen mit Avocado 263
Selleriesaft 33
Topfenknödel auf Erdbeermus 553
Ungarischer Reissalat 421
Weizenfrischkornbrei mit Birnen 309

5.4 Nachmittag

Apfelmus mit Rosinen 73
Dinkelgrieß-Brei mit Beeren der Saison 243

5.5 Abend

Adzukibohnen-Reis-Suppe 199
Artischockensuppe 142
Baby Frühlingsgemüse 63
Basmatireis + Zucchini-Tofupfanne 145
Birnensaft 180
Buddhistische Reissuppe 279
Datteln-Coco-Mandelmuss-Cous-Cous 483
Dinkelgrieß-Brei mit Beeren der Saison 243
Gemüse-Kartoffel-Fleisch-Brei 127
Gemüse-Miso-Suppe mit Tofu 106
Geröstete Hirse mit Stangensellerie 400
Grießschnitten 331
Hühnersuppe mit Angelikawurzel und Bocksdornfrüchten 77
Kokoswasser 30
Kühlendes Reisgericht mit Grapefruit 234
Misosuppe mit Tofu 52
Paprika-Putenfleisch mit Reis und Salat 391
Polenta mit Pfirsich 197
Reis mit gedämpftem Gemüse 92
Reis-Congee mit Honigbirne und schwarzem Sesam 158
Reissuppe mit Ente 160
Rettichsaft 9
Rote Linsen mit Avocado und Rettich 268
Schwarze Bohnen mit Avocado 263
Selleriesaft 33
Topfenknödel auf Erdbeermus 553
Ungarischer Reissalat 421

5.6 Jederzeit

Apfelmus mit Rosinen 73
Birnensaft 180
Buddhistische Reissuppe 279
Geröstete Hirse mit Stangensellerie 400
Geröstete Nüsse 973
Grießschnitten 331
Kokoswasser 30
Misosuppe mit Tofu 52
Weizenfrischkornbrei mit Birnen 309

6 Rezepte

empfehlenswert = Sie können mehr verwenden, weniger = wenn möglich weniger verwenden.
TL=Teelöffel, EL=Esslöffel, L=Liter, g=Gramm
M=Metall, W=Wasser, H=Holz, F=Feuer, E=Erde.
(Die Kochanleitung nach den Elementen finden Sie im Kapitel „Rezepte" am Ende des Buches.)

6.1 Acht Schätze Reis

Stärkt Niere und Blase, Baut Qi auf, Stärkt die Milz, Vertreibt Feuchtigkeit, reduziert innere Hitze, beugt Krebs vor, baut Herz auf, beruhigt Nerven.
Kalorien p. Portion 212
Kochdauer ca. 1 Stunde
Thermische Wirkung: neutral

Menge	Zutaten	
1 EL	Lilienzwiebel	empfehlenswert
1 EL	Longane	wenig
1 EL	Weißwurz	empfehlenswert
1 EL	Yamswurzel, Yamswurzelknolle	empfehlenswert
1 EL	Hiobsträne (Samen) YiYi Ren	ja
1 EL	Makannasternsamen	empfehlenswert
2 Tassen	Reis Wilder (Naturreis)	empfehlenswert M
8-10 Tassen	Wasser	ja E

Kochanleitung:
Je 1 EL: Bai He (Lilienzwiebel), Longan (Longane/Drachenaugenfrucht), Yu Zhu (Wohlriechender Weißwurz-Wurzelstock), Da Zao, Shan Yao (Yamswurzel, Yamswurzelknolle), Lian Mi, Yi Yi Ren (Samen der Hiobsträne), Qian Shi (Makannasternsamen)

Mit heißem Wasser übergießen und ca. 30 Min einweichen.
Anschließend: 1 – 2 Tassen Reis (normal) hinzufügen und ½ bis 1
Stunde köcheln, bis der Reis sehr weich ist. Oder: Mit Vollwertreis ca. 3
Stunden lang mit den Kräutern ein Congee kochen. Dann müssen die
Kräuter nicht eingeweicht werden.

6.2 Adzukibohnen-Reis-Suppe

Reduziert Feuchtigkeit, leitet nach unten, reduziert Magen-Darm-Hitze,
baut Essenz auf, stärkt Muskeln nach Hitze-Erkrankung: baut
Körpersäfte auf.
Kalorien p. Portion 199
Kochdauer ca. 2 Sunden
Thermische Wirkung: neutral

Menge	**Zutaten**		
8 EL	Adzukibohnen	ja	W
2 EL	Reis Rundkornreis	empfehlenswert	M
2 Tassen	Wasser	ja	E
1 EL	Honig	empfehlenswert	E

Kochanleitung:
Eingeweichte Adzukibohnen und Rundkornreis im Verhältnis 4:1 so
lange bei kleiner Hitze in Wasser kochen, bis ein dünner Brei
entstanden ist. Nach Bedarf süßen; eventuell pürieren.

Wirkung: Dieses Rezept kräftigt Niere, Milz und Magen und ist
besonders für Mütter mit zu wenig Milchfluss geeignet

6.3 Apfelmus mit Rosinen

Nährt Säfte, reduziert Magenhitze, stärkt Milz, harmonisiert Magen.
Befeuchtet, entspannt, baut Qi auf.
Kalorien p. Portion 73
Kochdauer ca. 25 Min.
Thermische Wirkung: kühl

Menge	**Zutaten**		
1 Kg	Apfel (süß)	empfehlenswert	E
100 ml.	Wasser	ja	E
50 g.	Rosinen	wenig	E

Kochanleitung:
Die Äpfel waschen, schälen, vierteln und dabei das Kerngehäuse
entfernen. Die Äpfel mit dem Wasser in einen Topf geben. Die Rosinen
mit heißem Wasser waschen und dazugeben. Bei schwacher Hitze
etwa 10 Minuten dünsten, dann abkühlen lassen. Für Kinder bis zu 10
Monaten das Mus im Mixer fein pürieren. Für die Größeren mit dem

Kartoffelstampfer zerdrücken. In Tiefkühlbeutel oder in leere Joghurtbecher füllen und verschließen. Die Joghurtbecher verschließen. Im Schockgefrierfach einfrieren und bei Bedarf bei Zimmertemperatur etwa 6 Stunden auftauen lassen. (Ca. 4 Monate haltbar).
Das Obstmus ist als Nachtisch oder Zwischenmahlzeit gedacht. Es wirkt verdauungsfördernd. Bei Durchfall lieber Bananenmus geben.

6.4 Artischockensuppe

Kühlt Hitze, nährt Herz, Magen und Lungen Yin
Kalorien p. Portion 142
Kochdauer ca. 40 min. (+Grundrezept)
Thermische Wirkung: kühl

Menge	Zutaten		
4 Stück	Artischocke	ja	F
1 EL	Butter Bio	empfehlenswert	E
1 Stück	Zwiebel Schalotte	wenig	M
1 EL	Mais Mehl (Maizena)	empfehlenswert	E
1 Prise	Muskatnuss	weniger als angegeben	M
1/4 Liter	Grundrezept für eine Gemüsebrühe	empfehlenswert	
1 Prise	Salz	wenig	W
1/4 Stück	Zitrone	weniger als angegeben	H
1/4 Stück	Zitrone Schale	ja	F
1 Prise	Kurkuma (Gelbwurz)	empfehlenswert	F
1 EL	Sesam Paste (Tahini)	empfehlenswert	E
1 TL	Sesam, Weißer	empfehlenswert	E

Kochanleitung:
Artischocken in gut 2 Liter Wasser mit Salz kochen bis die Aussenblätter leicht abgehen. Blätter und Blütenmitte (Faserig) entfernen so dass nur der Boden übrigbleibt.
Butter zerlassen, Zwiebel klein schneiden und sanft dünsten; etwas Maismehl, Muskat zugeben; mit Gemüsebrühe aufgießen; Salz, etwas Zitronenschale und -saft, Kurkuma und Artischockenböden hinzufügen, weich kochen und pürieren; am Ende mit Tahin abschmecken und vor dem Servieren mit Sesam bestreuen.

6.5 Austernpilze mit Spargel

Tonisiert Lungen und Nieren Yin, gleicht Hitze aus, leitet Feuchtigkeit aus.
Kalorien p. Portion 316
Kochdauer ca. 30 min.
Thermische Wirkung: kühl

Menge	Zutaten		
1 Stück	Zwiebel weiss	wenig	M
2 EL	Butter Bio	empfehlenswert	E
300 g.	Austernpilze	empfehlenswert	E
2 EL	Sake	weniger als angegeben	M
2 EL	Petersilie	weniger als angegeben	H
3 EL	Walnüsse	wenig	E
500g.	Spargel (grün oder weiß)	empfehlenswert	E
1 Prise	Salz	wenig	W
1 Prise	Zucker (weiß, aus Rüben)	wenig	E
1/2 Kg.	Kartoffel	empfehlenswert	E
1 Prise	Salz Kräutersalz	empfehlenswert	W

Kochanleitung:
Biologisch angebaute Kartoffeln mit der Schale kochen, sonst Salzkartoffeln zubereiten. Den Spargel in Salzwasser mit einer Prise Zucker und Salz kochen. (Man kann eine alte Semmel mitkochen welche die Bitterstoffe aufnimmt.) Die kleingeschnittenen Zwiebeln in einer Pfanne in der Butter leicht andünsten, bevor die mundgerecht geschnittenen Austernpilze in derselben Pfanne kurz angebraten werden.
Unter mehrmaligem Umrühren 15 Minuten dünsten. Sake, Walnüsse und Petersilie zufügen und auf kleiner Flamme köcheln, während Sie Kartoffeln und Spargel abgießen. Zum Schluss noch etwas Kräutersalz drüberstreuen.
Wenn kein frischer Spargel verfügbar ist, kann Spargel in Gläser verwendet werden.

6.6 Baby Frühlingsgemüse

Kühlt Hitze, diuretisch, kühlt Blut, reduziert Schleim, reduziert Hitze, befeuchtet, entspannt, baut Qi auf, verteilt. Stärken die Mitte, entgiftet, weicht auf, leitet nach unten. Nährt Lungen-Yin, produziert Körpersäfte.
Kalorien p. Portion 63
Kochdauer ca. 1 1/2 Stunden
Thermische Wirkung: neutral

Menge	Zutaten		
500 g.	Karotte (Mohrrübe, Möhre)	ja	E
500 g.	Kohlrabi	empfehlenswert	E
2 EL	Butter Bio	empfehlenswert	E
125 ml.	Wasser	ja	E

Kochanleitung:
Das Gemüse gründlich waschen. Die Karotten und die Kohlrabi putzen und schälen. Von den Kohlrabi einige zarte Blätter fein hacken und beiseite legen. Die Karotten und die Kohlrabi grob raspeln. Die Butter zerlassen, das Wasser und das Gemüse zugeben und bei mittlere Hitze

etwa 30 Minuten garen. Dabei ab und zu umrühren. Das Gemüse samt Kochflussigkeit auf etwa 8 Tiefkühlbeutel zu Portionen a100- 150 g (je nach Alter des Kindes) verteilen. Die Beutel verschließen, ganz abkühlen lassen und einfrieren (etwa 3 Monate haltbar).
Bei Bedarf auftauen lassen, aufkochen und mit 80 g Pellkartoffeln und einem Ei vermischen. (Das Rezept kann einfach variiert werden wenn man Blumenkohl, Erbsen oder Zucchini verwenden möchte)

6.7 Baby Milchfreier Getreide-Obst-Brei

Nährt Säfte, reduziert Magenhitze, harmonisiert Magen. Stärkt Qi. produziert Körpersäfte, stärkt Milz und Magen.
Kalorien p. Portion 220
Kochdauer ca. 10 Min.
Thermische Wirkung: kühl

Menge	Zutaten		
1 Stück	Apfel (süß)	empfehlenswert	E
3 Stück	Erdbeere	ja	H
100 ml.	Wasser	ja	E
20 g.	Hafer Flocken (Vollkorn)	wenig	M
1 EL	Butter Bio	empfehlenswert	E

Kochanleitung:
Den Apfel gründlich waschen, mit einem Sparschäler schälen und auf einer Apfelreibe fein reiben. Die Erdbeeren waschen, das Grün abzupfen und die Beeren mit einer Gabel sehr fein zerdrücken. Das Wasser zum Kochen bringen. Die Flocken in einen Teller füllen, das kochende Wasser aufgießen und gut verrühren. Dann die Butter dazugeben, und unterziehen. Zum Schluss den geriebenen Apfel und die Erdbeeren zumengen.

6.8 Basmatireis + Zucchini-Tofupfanne

Diuretisch, wandelt Schleim um, reduziert Hitze, baut Qi auf. Nährt Säfte, harmonisiert Milz und Magen, stärkt Lungen Qi.
Kalorien p. Portion 145
Kochdauer ca. 20 min.
Thermische Wirkung: kühl

Menge	Zutaten		
250 g.	Soja Tofu	empfehlenswert	E
2 EL	Olivenöl	empfehlenswert	E
1/2 TL	Koriander	empfehlenswert	M
1/2 TL	Ingwer frisch	wenig	M
1/2 Tasse	Reis Basmatireis	ja	M
3 Tassen	Wasser	ja	E
1 Stück	Zucchini	empfehlenswert	E

Kochanleitung:
Tofu würfelig schneiden und mit Olivenöl, Tamari, zerstoßenem Koriander und Ingwer marinieren. Mindestens 1 Stunde ziehen lassen.
Basmatireis mit dem Wasser kochen. Eventuell mit Zwiebel und Kardamom würzen.
Zucchini und Tofu in Pfanne im heißem Öl ca. 5-7 min anrösten.
Reis und Tofu mit Zucchini getrennt auf Teller servieren.
Petersilie dazugeben.
Kann kalt auch als Salat für zuhause und unterwegs genommen werden.

6.9 Birnen Kompott

Befeuchtet Lunge, reduziert Lungenschleim, nährt Lungen Qi.
Kalorien p. Portion 100
Kochdauer ca. 20
Thermische Wirkung: kühl
Therapeutisches Rezept

Menge	**Zutaten**		
2 Tassen	Wasser	ja	E
4	Birne	empfehlenswert	E

Kochanleitung:
Bio-Birnen halbieren. Kerne und Haut können verwendet werden. Birne in den Topf geben und Wasser dazu. Bis zu 20 min köcheln, bis Birnen weich sind.

6.10 Birnensaft

Befeuchtet Lunge, reduziert Lungenschleim, nährt Lungen Qi.
Kalorien p. Portion 180
Kochdauer ca. 5 min.
Thermische Wirkung: kühl

Menge	**Zutaten**		
3 Stück	Birne	empfehlenswert	E

Kochanleitung:
Birnen dünn schälen (Vitamine unter der Schale) und entkernen. In der Saftpresse entsaften.

6.11 Buddhistische Reissuppe

Nährt Blut und Qi; befeuchtet Lunge und Magen bei Yin-Leere. Stärkt Qi und Nieren-Jing, befeuchtet, entspannt, baut Qi auf.
Kalorien p. Portion 279
Kochdauer ca. 2-4 Stunden

Thermische Wirkung: warm

Menge	Zutaten		
1 Tasse	Reis Sorte beliebig	wenig	M
3 Tassen	Wasser	ja	E
1 EL	Butter Bio	empfehlenswert	E
1 TL	Honig	empfehlenswert	E
1 Tasse	Kuhmilch (1,5 % Fett)	wenig	E

Kochanleitung:
Den Reis im Wasser kurz aufkochen und dann auf kleinstem Feuer zugedeckt 2-4 Stunden köcheln lassen. Am Ende der Kochzeit kann nach Belieben etwas Milch, Honig und Butter untergemengt werden. Dieses Grundrezept lässt sich Geschmacklich (süss, salzig) beliebig erweitern. Die angegebene Menge reicht ca. für 4 Tage (im Kühlschrank aufbewahren)

Variante: Mit Zimt oder Vanille lässt sich der Geschmack verfeinern.

6.12 Datteln-Coco-Mandelmuss-Cous-Cous

Stärkt Yin.
Kalorien p. Portion 483
Kochdauer ca. 10 Min.
Thermische Wirkung: neutral

Menge	Zutaten		
2 Tassen	Couscous	ja	H
4 Tassen	Wasser	ja	E
6 Stück	Datteln getrocknet	empfehlenswert	E
3 EL	Kokosflocken	empfehlenswert	E
2 EL	Mandelmus	empfehlenswert	E
2 TL	Olivenöl	empfehlenswert	E
1 Stück gerieben	Apfel (süß)	empfehlenswert	E
1 Messerspitze	Vanille	empfehlenswert	E
1 Prise	Chili (Schote oder gemahlen)	weniger als angegeben	M

Kochanleitung:
Cous-Cous und Olivenöl in eine große Schüssel geben und mit kochendem Wasser übergießen. 10 Minuten quellen lassen. Datteln zerkleinern und Apfel reiben. Cous-Cous mit einer Gabel auflockern. Datteln, Kokosflocken, Apfel und Mandelmus untermischen. Süßen nach Geschmack. Gewürze und Aromen : Vanille, wenig Chili

Wintervariation : Birne,
Sommervariation: Marille, Nektarine

6.13 Dinkelgrieß-Brei mit Beeren der Saison

Nährt Säfte, befeuchtet Trockenheit, Schwächezustände, produziert Körpersäfte, befeuchtet Darm, kühlt innere Hitze. Bewahrt die Säfte, zieht zusammen. Stärkt Mitte, nährt Herz und Leber-Blut, bewahrt die Säfte, zieht zusammen.
Kalorien p. Portion 243
Kochdauer ca. 15 Min.
Thermische Wirkung: neutral

Menge	Zutaten		
1/8 Liter	Kuhmilch (1,5 % Fett)	wenig	E
1/8 Liter	Wasser	ja	E
5 EL	Dinkel Grieß	ja	H
2 TL	Butter Bio	empfehlenswert	E
100 g.	Beeren der Saison	empfehlenswert	H
1-2 TL	Honig	empfehlenswert	E
1-2 TL	Mandeln	empfehlenswert	E
3-4 Blätter	Pfefferminze	empfehlenswert	M
1 Prise	Zimtpulver	weniger als angegeben	M
1 Prise	Vanille	empfehlenswert	E
1 Prise	Kakao	weniger als angegeben	F
1 EL	Kokosraspeln	empfehlenswert	E

Kochanleitung:
Dinkelgrieß in kaltes Wasser einrühren und bei mittlere Hitze langsam aufkochen.   Nach dem Aufkochen umrühren, vom Herd nehmen und einige Minuten quellen lassen. Je nach gewünschter Konsistenz ist eventuell noch etwas Wasser hinzuzufügen. Butter und geriebene Nüsse in den Brei einrühren und Himbeeren unterheben. Mit Honig oder Vollrohrzucker nach Belieben servieren.
Gewürze und Aromen: Frische Minze , Zimt oder Vanille, Kakao, Kokosraspel

Sommer : Himbeeren, Heidelbeeren, Erdbeeren

6.14 Frühstück - Reis mit Früchten

Wärmt Magen und Milz, harmonisiert den Darm, stärkt Qi-Funktion, reduziert Feuchtigkeit. Bewahrt die Säfte, zieht zusammen. Nährt Säfte, befeuchtet Trockenheit in der Lunge, produziert Körpersäfte, befeuchtet Darm, kühlt innere Hitze.
Kalorien p. Portion 230
Kochdauer ca. 10 min. (+Grundrezept)
Thermische Wirkung: warm

Menge	Zutaten		
6 Tassen	Grundrezept für eine Reissuppe	empfehlenswert	
1/2 bis 1 Tasse	Kuhmilch (Vollmilch 3,5 % Fett)	wenig	E
1 EL	Honig	empfehlenswert	E
1 EL	Butter Bio	empfehlenswert	E
1 EL	Datteln getrocknet	empfehlenswert	E
1 EL	Feige	empfehlenswert	E
1 Stück	Apfel (sauer)	ja	H
1/2 EL	Haselnüsse	empfehlenswert	E
1/2 EL	Mandeln	empfehlenswert	E
1 Prise	Zimtpulver	weniger als angegeben	M

Kochanleitung:
Reis-Congee nach Grundrezept kochen oder vorgekochtes verwenden. Mit der Milch flüssiger machen und mit Honig süßen.
Früchte und Nüsse in Butter anbraten und mit der fertigen Reissuppe vermischen, kleingeschnittene Datteln, Feigen und den Apfel dazugeben.

6.15 Gemüse-Kartoffel-Fleisch-Brei

Stärkt Milz und Leber, reguliert Qi-Fluss, befeuchtet, entspannt, baut Qi auf, verteilt. Stärkt Qi, stärkt Milz, lindert Entzündungen, befeuchtet, entspannt, baut Qi auf, verteilt.
Kalorien p. Portion 127
Kochdauer ca. 30 Min.
Thermische Wirkung: warm

Menge	Zutaten		
100 g.	Kartoffel	empfehlenswert	E
200 g.	Karotte (Frühkarotte)	ja	E
40 g.	Rindfleisch (Kalb)	empfehlenswert	E
6 EL	Marillensaft	empfehlenswert	E
1 EL	Rapsöl	empfehlenswert	E

Kochanleitung:
Das Fleisch von Haut, Sehnen, Fettresten befreien, unter kühlem Wasser abwaschen und in kleine Stücke schneiden und in wenig Wasser gar kochen. Nach ca. 15-20 Minuten, herausnehmen und pürieren. Das Gemüse und die Kartoffeln waschen, schälen und in nicht zu kleine Stücke schneiden. Mit wenig Wasser auf kleiner Flamme in 10-20 Minuten weich kochen. Mit dem Pürierstab das Gemüse zerkleinern und alles vermischen. Alles mischen, Butter oder Öl und Obstsaft hinzu geben und nochmals pürieren.
Verwenden Sie abwechselnd andere Fleischsorten wie Huhn, Lamm oder Pute. Wechseln Sie auch beim Gemüse mit Zucchini, Kohlrabi, Fenchel, Kürbis, Pastinaken und Broccoli.

6.16 Gemüse-Miso-Suppe mit Tofu

Stärkt Milz und Leber, reguliert Qi-Fluss, befeuchtet, entspannt, baut Qi auf, verteilt. Stärkt Qi, stärkt Leber und Niere, reduziert feuchte Hitze, entgiftet, nährt Säfte, reduziert innere Hitze, leitet nach unten.
Kalorien p. Portion 106
Kochdauer ca. 15 Min.
Thermische Wirkung: neutral

Menge	Zutaten		
2 EL	Sesamöl	empfehlenswert	E
1 Stück	Zwiebel Schalotte	wenig	M
1 Stück	Karotte (Mohrrübe, Möhre)	ja	E
5 cm	Lauch (Porree)	wenig	M
3/4 Liter	Wasser	ja	E
2 EL	Endiviensalat	ja	F
2 EL	Soja Tofu	empfehlenswert	E
1/2 TL	Ingwer frisch	wenig	M
2 EL	Miso	empfehlenswert	W

Kochanleitung:
In Sesamöl erst Zwiebeln, dann Karotten und etwas Lauch dünsten; Wasser aufgießen und mild köcheln; Sojasprossen und Endivienblätter zugeben und ziehen lassen; Tofuwürfel, etwas Ingwer hineingeben; am Schluss in etwas abgekühltem Kochwasser gelöstes Miso einrühren.

6.17 Geröstete Hirse mit Stangensellerie

Stärkt Milz und Niere, diuretisch. Bewegt Leber-Qi, kühlt Hitze, befeuchtet, entspannt, baut Qi auf, verteilt.
Kalorien p. Portion 400
Kochdauer ca. 30
Thermische Wirkung: kühl

Menge	Zutaten		
1 Tasse	Hirse	empfehlenswert	E
2 Tassen	Wasser	ja	E
2 Stangen	Sellerie Stangensellerie	empfehlenswert	E
1 EL	Kräuter verschiedene	empfehlenswert	
2 EL	Wasser	ja	E
1 Prise	Salz	wenig	W
3-4 Blätter	Salbei	ja	F
1 TL	Kresse	empfehlenswert	M

Kochanleitung:
Hirse kurz anrösten, mit Wasser übergießen kurz aufkochen und 20 min. quellen lassen. Stangensellerie klein schneiden und mit Wasser, Salz und frische Kräuter 10 min. kochen und zu der Hirse geben. Frischen Salbei oder Kresse kleingehackt drüberstreuen.

6.18 Geröstete Nüsse

Stärken Nieren-Qi, -Essenz und Gehirn, stärkt Niere, baut Essenz auf, wärmt Lunge, befeuchtet den Darm, befeuchtet, entspannt, baut Qi auf, verteilt.
Kalorien p. Portion 973
Kochdauer ca. 5 Min.
Thermische Wirkung: neutral

Menge	Zutaten		
100 g.	Haselnüsse	empfehlenswert	E
100 g.	Cashewnüsse	empfehlenswert	E
100 g.	Walnüsse	wenig	E

Kochanleitung:
Nüsse in einer Pfanne ca. 5 Minuten rösten.

6.19 Grießschnitten

Nährt Säfte, befeuchtet Trockenheit, Schwächezustände, produziert Körpersäfte, befeuchtet Darm, kühlt innere Hitze, baut Qi auf, verteilt. Befeuchtet, bewahrt die Säfte, zieht zusammen.
Kalorien p. Portion 331
Kochdauer ca. 30 Min.
Thermische Wirkung: kühl

Menge	Zutaten		
200 ml.	Kuhmilch (Vollmilch 3,5 % Fett)	wenig	E
30 g.	Weizen Grieß	ja	H
1 TL	Butter Bio	empfehlenswert	E
80 g.	Banane	wenig	E
1 TL	Orangensaft	wenig	H

Kochanleitung:
Den Backofen auf 200° (Gas Stufe 3) vorheizen. 125 ml Milch aufkochen und den Grieß einrieseln lassen. Bei mittlerer Hitze dick einkochen lassen. Die Butter unterrühren. Den Brei in ein Ragout-Fin-Förmchen streichen, im Backofen (Mitte) in etwa 15 Minuten hellbraun überbacken. Die restliche Milch mit der Banane und dem Orangensaft pürieren und alles in einen tief en Teller gießen. Den Brei herauslösen, in Scheiben schneiden und neben die Sauce legen.

6.20 Grundrezept für eine Entenbrühe

Stärkt Qi, Blut und Säfte, nährt Yin, stärkt Magen, kühlt Hitze. Stärkt Milz und Leber, bei Kindern: fördert Wachstum (v.a. des Gehirns).
Kalorien p. Portion 61
Kochdauer ca. 2-3 Stunden
Thermische Wirkung: kühl

Menge	Zutaten		
1/2 Liter	Wasser	ja	E
200 g.	Ente (Herz)	empfehlenswert	H
100 g.	Ente (Frühmastente, schlachtfrisch)	empfehlenswert	H
2 Stück	Karotte (Mohrrübe, Möhre)	ja	E
1/2 Stück	Sellerie Knolle	empfehlenswert	E

Kochanleitung:
Entenklein mit Gemüse 2-3 Stunden köcheln. Brühe durch ein feines Tuch sieben und im Kühlschrank aufbewahren.
Variante: Die Innereien können weiterverwendet werden: Man schneidet sie fein und lässt sie einige Minuten mit frischem Gemüse in der Brühe ziehen. Vor dem Servieren mit Petersilie bestreuen.

6.21 Gurkensuppe

Kühlt und befeuchtet, diuretisch, reduziert feuchte Hitze, entgiftet, entspannt, baut Qi auf, verteilt. Vertreibt Schleim, leitet nach unten, Aktiviert Wei Qi, stärkt Qi.
Kalorien p. Portion 95
Kochdauer ca. 20 min.
Thermische Wirkung: kühl

Menge	Zutaten		
2 EL	Olivenöl	empfehlenswert	E
2 Stück	Gurke	empfehlenswert	E
1/2 Liter	Wasser	ja	E
3 Blätter	Salbei	ja	F
1/2 TL	Senf	empfehlenswert	M
1 Prise	Koriander	empfehlenswert	M
1 Prise	Kardamom	empfehlenswert	M
1 Prise	Salz	wenig	W

Kochanleitung:
Öl erhitzen, die kleingschnittenen Gurken kurz anrösten. Senfkörner, Koriander, Kardamom und Salz dazugeben und kürz dünsten. Mit dem Wasser übergießen. 10-15 min. köcheln lassen. Pürieren und mit frischen gehacktem Salbei dekorieren.

6.22 Hirse mit Ei und Butter

Stärkt Blut, Yin und Jing, nährt Yin, befeuchtet bei innerer Trockenheit, stärkt Blut, stärkt Milz, beruhigt Nerven und Magen. Stärkt Milz und Niere, diuretisch. Stärkt Qi und Nieren-Jing, befeuchtet, entspannt, baut Qi auf, verteilt.
Kalorien p. Portion 338
Kochdauer ca. 25 Min.
Thermische Wirkung: kühl

Menge	Zutaten		
1 Tasse	Hirse	empfehlenswert	E
1/2 TL	Ingwer frisch	wenig	M
1 Prise	Salz	wenig	W
2 EL	Petersilie	weniger als angegeben	H
1 Prise	Rosenpaprika	empfehlenswert	F
2 Stück	Huhn Ei	empfehlenswert	E
2 EL	Butter Bio	empfehlenswert	E
1 Prise	Muskatnuss	weniger als angegeben	M
2 Tassen	Wasser	ja	E

Kochanleitung:
Die Hirse mit dem Ingwer und Muskatnuss im Wasser kochen. 1 weiches Ei pro Person kochen und schälen; die Hirse auf Tellern auftürmen und je 1 Ei in eine Mulde im Hirseberg legen; Butterflöckchen darübergeben. Mit gehackter Petersilie und dem Rosenpaprika bestreuen.

6.23 Hühnersuppe mit Angelikawurzel und Bocksdornfrüchten

Stärkt Milz und nährt das Blut und das Yin der Leber. Stärkt Qi und Blut; ist sehr wärmend.
Kalorien p. Portion 77
Kochdauer ca. 1 1/2 Stunden
Thermische Wirkung: warm

Menge	Zutaten		
1/2 Liter	Grundrezept für eine Hühnerbrühe	empfehlenswert	
5 g.	Angelikawurzel	empfehlenswert	
50 g.	Bocksdornfrüchte (Fructus Lycii) getrocknet	empfehlenswert	H

Kochanleitung:
Hühnerbrühe laut Grundrezepte. In den letzten 40 Minuten Angelikawurzel und Bocksdornfrüchte mitkochen.

Einnahme: Täglich 2-3 Tassen Brühe trinken.

6.24 Italienischer Champignonreis

Nährt Blut, befeuchtet, entspannt, baut Qi auf, verteilt. Wärmt Magen und Milz, harmonisiert den Darm, stärkt Qi-Funktion, reduziert Feuchtigkeit. Leitet nach oben. Befeuchtet, entspannt, baut Qi auf, verteilt.
Kalorien p. Portion 256
Kochdauer ca. 25 Min.
Thermische Wirkung: kühl

Menge	Zutaten		
2 Tassen	Reis Rundkornreis	empfehlenswert	M
1/2 Liter	Wasser	ja	E
1 Prise	Pfeffer (gemahlen)	wenig	M
1 Prise	Salz	wenig	W
1 Schuß	Zitrone Saft	weniger als angegeben	H
1 Prise	Rosenpaprika	empfehlenswert	F
250 g.	Champignon	empfehlenswert	E
1 TL	Olivenöl	empfehlenswert	E
1 TL	Lauchzwiebel Schnittlauch	wenig	M
2 EL	Parmesan	wenig	E

Kochanleitung:
Rundkornreis mit kaltem Wasser aufsetzen und gar kochen; gemahlenen Pfeffer, Salz, reichlich Zitronensaft, Rosenpaprika, etwas Olivenöl oder Butter dazugeben und alles gut durchmengen; reichlich feinblättrig geschnittene Champignons, Schnittlauch oder die grünen Teile der Frühlingszwiebel sowie etwas geriebenen Parmesan vorsichtig unterheben.
Passt zu: Gemüse- und Tofugerichten, Gerichten mit Tomatensoße.

6.25 Kohlrabi Zweierlei

Bewegt Qi und Blut, diuretisch, reduziert Feuchtigkeit. Stärkt Qi, stärkt Milz, lindert Entzündungen, befeuchtet, entspannt, baut Qi auf, verteilt. Stärkt Nieren-Jing.
Kalorien p. Portion 278
Kochdauer ca. 25 Min.
Thermische Wirkung: warm

Menge	Zutaten		
1/2 Stück	Kohlrabi	empfehlenswert	E
100 g.	Kartoffel	empfehlenswert	E
1 EL	Butter Bio	empfehlenswert	E
1 Stück	Huhn Eigelb	empfehlenswert	E

Kochanleitung:
Die Blätter vom Kohlrabi entfernen, die Knolle und die zartesten Blätter sowie die Kartoffeln gründlich waschen. Den Kohlrabi und die Kartoffeln schälen, in etwa 1 cm große Würfel schneiden. Die Hälfte der Butter in einem kleinen Topf zerlassen, den Kohlrabi und die Kartoffeln dazugeben und darin dünsten. Mit 2 Esslöffeln Wasser im geschlossenen Topf bei schwacher Hitze etwa 15 Minuten dünsten. Inzwischen die zartesten Kohlrabiblätter von den Stielen befreien und sehr fein hacken. Insgesamt sollten höchstens 2 Esslöffel Blattstückchen verwendet werden. Diese etwa 5 Minuten vor Ende der Garzeit zum Gemüse geben und mitkochen. Das Eigelb unterrühren und nochmals kurz aufkochen lassen. Das Gemüse in einen Teller

füllen und mit der restlichen Butter und dem Eigelb vermischen. Mit einer Gabel grob zerdrücken.

6.26 Kokoswasser

Nährt Yin, Blut und Jing, befeuchtet, entspannt, baut Qi auf, verteilt.
Kalorien p. Portion 30
Kochdauer ca. 5 Min.
Thermische Wirkung: warm

Menge	Zutaten		
1 Tasse	Kokosmilch	empfehlenswert	E

Kochanleitung:
Kokosnuss öffnen und Wasser abseihen.
Kokoswasser gibt es auch als Fertiggetränk.

6.27 Kühlendes Reisgericht mit Grapefruit

Senkt das Lungen-Qi ab, nährt Säfte, löst Schleim, trocknet aus, leitet nach unten. Wärmt Magen und Milz, harmonisiert den Darm, stärkt Qi-Funktion, reduziert Feuchtigkeit. Stärkt Qi und Nieren-Jing, befeuchtet, entspannt, baut Qi auf, verteilt.
Kalorien p. Portion 234
Kochdauer ca. 20 Min.
Thermische Wirkung: neutral

Menge	Zutaten		
1 Tasse	Reis Rundkornreis	empfehlenswert	M
5 Tassen	Wasser	ja	E
2 EL	Haselnüsse	empfehlenswert	E
2 EL	Rosinen	wenig	E
1 EL	Agavendicksaft	empfehlenswert	
1 Prise	Salz	wenig	W
1 EL	Mandelmus	empfehlenswert	E
1 Stück	Grapefruit/Pampelmuse/Pomelo	wenig	F
2 TL	Butter Bio	empfehlenswert	E

Kochanleitung:
Vorbereitung am Vorabend: Rundkornreis in kaltes Wasser geben und kochen. In etwas heißem Wasser gehackte Haselnüsse, Rosinen über Nacht einweichen.

Am Morgen: In wenig heißes Wasser etwas Agavendicksaft einrühren; den Reis dazugeben und erhitzen; eine kleine Prise Salz, Mandelmus, kleingeschnittene Grapefruit, die eingeweichten gehackten Haselnüsse und Rosinen dazugeben und vermischen; mit einem kleinen Stück Butter darauf servieren.

6.28 Misosuppe mit Tofu

Nähren die Säfte, bewahrt die Säfte, zieht zusammen. Nährt Säfte, lässt Qi aufsteigen, harmonisiert Milz und Magen, befeuchtet, entspannt, baut Qi auf, verteilt. Reguliert Qi, wärmt Milz und Niere, löst Stagnation, leitet nach oben.
Kalorien p. Portion 52
Kochdauer ca. 5 min.
Thermische Wirkung: kühl

Menge	Zutaten		
1 Stück	Wakame	ja	W
3-4 EL	Miso	empfehlenswert	W
50 g.	Soja Tofu	empfehlenswert	E
1/2 Liter	Wasser	ja	E
1 Schuß	Sojasauce	wenig	W
1/2 EL	Zwiebel Frühlingszwiebel	wenig	M

Kochanleitung:
Wasser, Sojakeimlinge, Wakamealge und in Würfel geschnittenen Tofu 5 Min aufwärmen. Misopaste in Suppenteller geben und langsam mit heißer Suppe übergießen. Mit Tamari Sauce abschmecken. Eventuell Frühlingszwiebel dazu.

6.29 Paprika-Putenfleisch mit Reis und Salat

Stärkt Qi, Blut und Jing
Kalorien p. Portion 391
Kochdauer ca. 1 Stunde
Thermische Wirkung: kühl

Menge	Zutaten		
2 EL	Olivenöl	empfehlenswert	E
1 Stück	Zwiebel weiss	wenig	M
2 EL	Paprika (Rosenpaprika)	weniger als angegeben	E
800 g.	Huhn Fleisch	wenig	H
250 ml.	Wasser	ja	E
1 Prise	Salz	wenig	W
1 EL	Dinkel Vollkornmehl	ja	H
250 g.	Sauerrahm 15% Fett	ja	H
6 Tassen	Wasser	ja	E
1 Tasse	Reis Basmatireis	ja	M
1 Prise	Salz	wenig	W
1 Stück	Kopfsalat	ja	F
2 EL	Olivenöl	empfehlenswert	E
1/2 Stück	Zitrone Saft	weniger als angegeben	H
2 EL	Kräuter verschiedene	empfehlenswert	

Kochanleitung:
Das Öl in einem Topf erhitzen und die Zwiebel darin goldgelb anbraten. Reichlich Paprika über die Zwiebel streuen und sorgsam umrühren, damit er nicht anbrennt. Den Topf beiseite schieben. In einer Kasserolle, die Hühnerteile von einer Seite anbraten; das Fleisch wenden, die Zwiebel aus dem Topf darüber verteilen und die Hühnerteile von der anderen Seite anbraten. Sobald sie eine sattrote Farbe angenommen haben, Gemüsebrühe aufgießen und zum Kochen bringen. Mit Salz abschmecken, die Wärmezufuhr drosseln und die Hühnerteile 45 Minuten beziehungsweise so lange schmoren, bis sie durchgegart sind. Die Geflügelteile samt Garflüssigkeit in eine Schüssel geben und beiseite stellen. 2 bis 3 EL Mehl in die Kasserolle einstreuen und nach und nach die Garflüssigkeit wieder zugeben, dabei ständig rühren, bis die Sauce eingedickt ist. Den Sauerrahm oder Joghurt unterrühren, die Geflügelteile wieder in den Topf geben und nochmals gut durchwärmen, aber nicht kochen.
Den Reis mit dem gesalzenem Wasser zustellen, Aufkochen und ziehen lassen bis der Reis weich ist.
Den Kopfsalat waschen und schleudern. Kleinzupfen und in eine Schüssel geben. In einer Tasse das Olivenöl, den Zitronensaft, das Salz und frische gehackte Kräuter anrühren und über den Salat gießen.

6.30 Polenta mit Pfirsich

Nährt Blut und Säfte, bewegt Blut, baut Qi auf, verteilt. Stärkt Magen-Qi, diuretisch, befeuchtet, entspannt, baut Qi auf, verteilt. Erwärmt Magen und Milz, fördert Durchblutung und Leitbahnfluss, lindert Kälte-Übel und Schmerzen.
Kalorien p. Portion 197
Kochdauer ca. 20 min
Thermische Wirkung: warm

Menge	Zutaten		
2 Tassen	Wasser	ja	E
1 Tasse	Mais Grieß (Polenta)	empfehlenswert	E
2-3 Stück	Pfirsich	wenig	E
1 Prise	Vanilleschote	empfehlenswert	E
1 Prise	Chili (Schote oder gemahlen)	weniger als angegeben	M
1 Prise	Zimtpulver	weniger als angegeben	M

Kochanleitung:
Die Polenta in einen Topf mit heißem Wasser unter ständigem Rühren einrieseln bis die Polenta die gewünschte Konsistenz hat. Die Polenta vom Feuer ziehen und ca 10 min quellen lassen.
Frische Pfirsiche waschen und in Viertel schneiden. In die fertige Polenta die Pfirsiche hineinschneiden, Vanille und nach Geschmack

Chili dazugeben, umrühren und 3 min ziehen lassen.
Wintervariante: Eingelegtes Obst, Birne, Äpfel

6.31 Reis mit gedämpftem Gemüse

Leitet Hitze und Feuchtigkeit aus
Kalorien p. Portion 92
Kochdauer ca. 20 min (+Grundrezept)
Thermische Wirkung: neutral

Menge	Zutaten		
1 Tasse	Grundrezept für eine Reissuppe (Congee)	empfehlenswert	
3 Tassen	Wasser	ja	E
1 Stück	Zitrone Schale	ja	F
1/8 Liter	Wasser	ja	E
2 Stück	Karotte (Mohrrübe, Möhre)	ja	E
1/2 Stück	Sellerie Stangensellerie	empfehlenswert	E
1/2 Tasse	Champignon	empfehlenswert	E
2 EL	Kresse	empfehlenswert	M
1 Schuß	Leinöl	empfehlenswert	E

Kochanleitung:
Reis nach Grundrezept kochen. Zitronenschale mitkochen.
Wasser aufstellen und kleingeschnittene Karotten, Stangensellerie und Champignons in Gemüseeinsatz dämpfen bis sie weich sind. Anschließend mit Kresse bestreuen. Dann ein Schuß hochwertiges kaltes Öl zugeben.

6.32 Reis-Congee mit Honigbirne und schwarzem Sesam

Speziell bei Nieren Yin Mangel. Befeuchtet Lunge, kühlt Hitze, reduziert Lungenschleim, produziert Körpersäfte, befeuchtet, entspannt, baut Qi auf, verteilt. Befeuchtet Darm, nährt Yin.
Kalorien p. Portion 158
Kochdauer ca. 10 Min. (+Grundrezept)
Thermische Wirkung: neutral

Menge	Zutaten		
2 Tassen	Grundrezept für eine Reissuppe	empfehlenswert	
2 Stück	Birne	empfehlenswert	E
1 TL	Sesam, Schwarzer	empfehlenswert	H

Kochanleitung:
Reis-Congee nach Grundrezept kochen oder vorbereiteten verwenden. Topf mit 3 cm Wasser befüllen und aufkochen lassen. Birnen vierteln (mit Haut und Kerne) und hineingeben und mit schwarzem Sesam 10 min zugedeckt köcheln lassen. Mit dem Reis mischen.

6.33 Reissuppe mit Ente

Nährt Yin. Wärmt Magen und Milz, harmonisiert den Darm, stärkt Qi-Funktion, reduziert Feuchtigkeit. Nährt Blut und Leber, harmonisiert Leber und Milz. Befeuchtet, entspannt, baut Qi auf, verteilt
Kalorien p. Portion 160
Kochdauer ca. 1 1/2 Stunden
Thermische Wirkung: kühl

Menge	Zutaten		
1 Tasse	Reis Rundkornreis	empfehlenswert	M
8 Tassen	Wasser	ja	E
250 g.	Ente (Frühmastente, schlachtfrisch)	empfehlenswert	H
4-6 Stück	Shiitake, getrocknet	empfehlenswert	E
2 EL	Petersilie	weniger als angegeben	H
1 TL	Butter Bio	empfehlenswert	E
1 Schuß	Sojasauce	wenig	W

Kochanleitung:
Shiitakepilze einweichen. Reissuppe nach Grundrezept zubereiten. In den letzten 30 Kochminuten Entenfleisch und Shiitakepilze zugeben. Austernpilze, Petersilie und etwas Butter erst ganz am Ende hineingeben. Mit Sojasoße nachwürzen.
Variante: Eingeweichte und gekochte Adzukibohnen zugeben. Sie verstärken den harntreibenden Effekt.

6.34 Rettich mit Zucker

Nährt Lunge und Milz, vertreibt Schleim, löst Schleim, löst Stagnation, leitet nach oben. Erwärmt Drei-Erwärmer, lindert Schwäche-Zustände.
Kalorien p. Portion 46
Kochdauer ca. 5 Min.
Thermische Wirkung: kühl
Therapeutisches Rezept

Menge	Zutaten		
1 Stück	Rettich (weiß, grün, lila-rot)	empfehlenswert	M
1 TL	Zucker braun	wenig	E

Kochanleitung:
Rettich raspeln und mit Zucker bestreuen.

6.35 Rettichsaft

Nährt Lunge und Milz, vertreibt Schleim, löst Schleim, löst Stagnation, leitet nach oben.
Kalorien p. Portion 9
Kochdauer ca. 10 Min.
Thermische Wirkung: kühl

Menge	Zutaten		
1/2 Stück	Rettich (weiß, grün, lila-rot)	empfehlenswert	M
1 Tasse	Wasser	ja	E

Kochanleitung:
Der frische Presssaft wird aus der Wurzel gewonnen. Für Heilzwecke bevorzugt man - wegen seiner Schärfe- den schwarzen Rettich. Der beißend scharfe Geschmack ist auf die Senföle im Rettichsaft zurückzuführen. Sie regen die Gallenbildung in der Leber an. Das hat in unserem Körper zwei verschiedene Auswirkungen. Der Appetit und die Verdauung werden gefördert und Gallen- und Leberleiden gelindert.
In kleinen Schlucken trinken.

6.36 Rote Linsen mit Avocado und Rettich

Nährend und befeuchtend baut Qi und Säfte auf. treibt Schweiß, reduziert Blutfett, regt an, löst Stagnation.
Kalorien p. Portion 268
Kochdauer ca. 20 Min.
Thermische Wirkung: kühl

Menge	Zutaten		
2 Scheiben	Ingwer frisch	wenig	M
2 Tassen	Wasser	ja	E
1 Tasse	Linsen rot geschält	ja	W
3 cm.	Wakame	ja	W
1 Prise	Salz	wenig	W
1 Spritzer	Zitrone Saft	weniger als angegeben	H
1 Prise	Curcuma (Gelbwurz)	weniger als angegeben	
1 Stück	Avocado	empfehlenswert	E
1 Prise	Pfeffer (gemahlen)	wenig	M
1 Prise	Rosenpaprika	empfehlenswert	F
1 Schuß	Sesamöl	empfehlenswert	E
1 Tasse	Rettich (weiß, grün, lila-rot)	empfehlenswert	M

Kochanleitung:
Etwas kleingeschnittenen Ingwer in einen Topf geben; kaltes Wasser, geschälte rote Linsen, ein Stück Wakame oder eine kleine Menge Hijiki dazugeben und gar köcheln; mit Salz, etwas Zitronensaft, Kurkuma abschmecken.
Währenddessen: ½ Avocado pro Portion auf einem Drittel des Tellers anrichten: gemahlenen Pfeffer, eine Prise Salz, etwas Zitronensaft, eine Prise Rosenpaprika, ganz wenig Sesamöl darübergeben; geraspelter Rettich auf das zweite Tellerdrittel geben; das Linsengericht in das letzte Drittel des Tellers füllen.
Variante: Radieschenscheiben an Stelle des Rettichs verwenden.

6.37 Schwarze Bohnen mit Avocado

Nährend und leicht erfrischend, baut Säfte auf, sättigend. Nährt Yin von Leber, Lunge und Dickdarm, befeuchtet, entspannt, baut Qi auf, verteilt. Stärkt Magen und Niere, Milz und Niere.
Kalorien p. Portion 263
Kochdauer ca. 1 Stunde
Thermische Wirkung: kühl

Menge	Zutaten		
1 Tasse	Schwarze Bohnen	empfehlenswert	W
4 Tassen	Wasser	ja	E
1 Spritzer	Zitrone	weniger als angegeben	H
1 Prise (Pulver)	Boxhornkleesamen	weniger als angegeben	
1 EL	Sesamöl	empfehlenswert	E
1 TL	Ingwer frisch	wenig	M
2 cm.	Wakame	ja	W
1 Schuß	Sojasauce	wenig	W
1 Stück	Avocado	empfehlenswert	E

Kochanleitung:
Vorbereitung am Vortag: 2 Tassen schwarze Bohnen in etwa 6 Tassen kaltem Wasser 6- 8 Stunden einweichen
Danach - ebenfalls am Vortag: Einweichwasser wegschütten; die schwarzen Bohnen mit 4 Tassen frischem kaltem Wasser aufsetzen; einen Spritzer Zitronensaft, etwas Bockshornkleesamenpulver, 1 EL Sesamöl, 1 TL geriebenen Ingwer zufügen; ein Stück Wakame oder 1 EL Hijiki dazugeben; etwa 45 Minuten köcheln lassen; mit dem Pürierstab pürieren; mit reichlich Sojasoße abschmecken.

Am Morgen: ½ Avocado pro Portion schälen und in Schiffchen schneiden; zusammen mit der warmen Bohnenpaste servieren.

Hinweis: Die schwarzen Bohnen können für 2 - 3 Tage vorgekocht werden, um dann mit wenig Aufwand als Frühstück oder für andere Mahlzeiten verwendet zu werden.

6.38 Selleriesaft

Stärkt Magen-Qi, befeuchtet, entspannt, baut Qi auf, verteilt.
Kalorien p. Portion 33
Kochdauer ca. 5 Min.
Thermische Wirkung: kühl

Menge	Zutaten		
1/2 Stück	Sellerie Knolle	empfehlenswert	E
1 Tasse	Wasser	ja	E
1 Prise	Salz	wenig	W

Kochanleitung:
Seller Knolle entsaften und mit Wasser mischen und nach Bedarf salzen.

6.39 Tee Eibisch-Tee

Befeuchtet Lunge, Stärkt Lungen und Magen Yin.
Kalorien p. Portion 0
Kochdauer ca. 10 Min.
Thermische Wirkung:
Therapeutisches Rezept

Menge	Zutaten		
2 TL	Eibisch	empfehlenswert	
1 Tasse	Wasser	ja	E

Kochanleitung:
Damit der Schleim der Eibisch-Wurzel gut erhalten bleibt, wird Eibisch-Tee als Kaltauszug zubereitet.
Dazu übergießt man 3 Teelöffel der geschnittenen Eibisch-Wurzel mit einer Tasse kaltem Wasser und lässt den Ansatz mindestens acht Stunden ziehen (über Nacht geht auch).
Dann seiht man den Tee ab und erwärmt ihn leicht auf Trinktemperatur.

6.40 Tee Stangensellerietee

Bewegt Leber-Qi, kühlt Hitze, befeuchtet, entspannt, baut Qi auf, verteilt.
Kalorien p. Portion 0
Kochdauer ca. 15 Min.
Thermische Wirkung: kühl
Therapeutisches Rezept

Menge	Zutaten		
2 EL gehackte	Sellerie Stangensellerie	empfehlenswert	E
1/2 Liter	Wasser	ja	E

Kochanleitung:
Wasser zum sieden bringen und wegstellen. Kleingeschnittene Stangensellerie dazugeben und 10 min. ziehen lassen. Ev. mit Honig süßen. Beim eingießen abseihen.

6.41 Topfenknödel auf Erdbeermus

Kalorien p. Portion 553
Kochdauer ca. 30 Min.
Thermische Wirkung: kühl

Menge	Zutaten		
500 g.	Topfen 20%	ja	H
150 g.	Dinkel Grieß	ja	H
40 g.	Butter Bio	empfehlenswert	E
2 Stück	Huhn Ei	empfehlenswert	E
2 EL	Zucker (Staubzucker)	empfehlenswert	E
1 Prise	Salz	wenig	W
3 EL	Brösel (Weizenbrot, Semmel)	empfehlenswert	H
100 g.	Butter Bio	empfehlenswert	E
500 g.	Erdbeere	ja	H
3 EL	Zucker (Staubzucker)	empfehlenswert	E

Kochanleitung:
Topfen, Grieß, Butter, Eier, Staubzucker und Salz zu einem glatten Teig rühren. Den Teig ca. 15 min. im Kühlschrank ruhen lassen. Danach kleine Knödel mit ca. 4cm. Durchmesser formen und in leicht kochendem Salzwasser ca. 10 min. ziehen lassen. In einer Pfanne Butter erwärmen und die Brösel goldbraun anrösten. Die Knödel in den Bröseln vorsichtig wälzen. Mit dem Erdbeermus anrichten.

6.42 Traubensaft mit heißem Wasser

Kalorien p. Portion 43
Kochdauer ca. 5 Min.
Thermische Wirkung: neutral
Therapeutisches Rezept

Menge	Zutaten		
1 Tasse	Traubensaft rot	empfehlenswert	E
1 Tasse	Wasser	ja	E

Kochanleitung:
Traubensaft mit heißem Wasser aufgießen.

6.43 Tsampa mit Marmelade oder Obstkompott

Nährt Säfte, reduziert Magenhitze, stärkt Milz, produziert Essenz, harmonisiert Magen. Nähren Yin, befeuchten, befeuchtet Darm.
Kalorien p. Portion 280
Kochdauer ca. 5 min.
Thermische Wirkung: kühl

Menge	Zutaten		
3 EL	Tsampa (geröstetes Gerstenmehl)	empfehlenswert	E
6-8 EL	Wasser	ja	E
1/2 TL	Butter Bio	empfehlenswert	E
1 EL	Erdbeermarmelade	empfehlenswert	H
2 TL	Sonnenblumenkerne	empfehlenswert	E
1 Stück gerieben	Apfel (süß)	empfehlenswert	E

Kochanleitung:
Tsampa mit kochendem Wasser übergießen und mit einem Löffel umrühren bis ein Brei entsteht.
Butter, Marmelade, Sonnenblumenkerne und geriebenen Apfel dazugeben.
Süßen nach Geschmack mit Honig, Vollrohrzucker, oder Gerstenmalz
Gewürze und Kräuter: frische Minze, Vanille oder Kakao, Anis, Zimt

Sommer: Marmelade oder Kompott nach Wahl
Winter: Nüsse und Apfel oder Birne

6.44 Ungarischer Reissalat

Wärmt Magen und Milz, harmonisiert den Darm, stärkt Qi-Funktion, reduziert Feuchtigkeit. Fördert Verdauung, hilft Fett zu verdauen, unterstützt das Wasserlassen, reduziert Blutdruck.
Kalorien p. Portion 421
Kochdauer ca. 25 Min.
Thermische Wirkung: kühl

Menge	Zutaten		
1/2 Tasse	Reis Vollkorn	wenig	M
3 Tassen	Wasser	ja	E
1 Prise	Salz	wenig	W
100 g.	Tomate	wenig	H
50 g.	Paprika	wenig	E
30 g.	Champignon	empfehlenswert	E
30 g.	Edamer	empfehlenswert	H
45 g.	Joghurt (Natur, 1,5 % Fett)	wenig	F
1 Prise	Salz	wenig	W
1 EL	Kräuter verschiedene	empfehlenswert	
2 EL	Rapsöl	empfehlenswert	E
1 TL	Senf	empfehlenswert	M
1 Prise	Pfeffer (gemahlen)	wenig	M

Kochanleitung:
Reis in reichlich kochendem Salzwasser körnig weich kochen und abtropfen lassen. Tomaten und Paprikaschote waschen und entkernen. Beide klein würfeln. Champignons (aus der Dose oder mit Rapsöl kurz anrösten) und Käse in kleine Würfel schneiden und zum Reis geben. Marinade herstellen und mit den Zutaten vermischen, Kühl stellen und mindestens eine Stunde durchziehen lassen.

6.45 Vegetarischer Gemüse-Getreide-Kartoffelbrei

Stärkt Qi, stärkt Milz, lindert Entzündungen, befeuchtet, entspannt, baut Qi auf, verteilt. Kühlt Hitze, nährt Säfte.
Kalorien p. Portion 91
Kochdauer ca. 25 Min.
Thermische Wirkung: kühl

Menge	Zutaten		
30 g.	Karotte (Frühkarotte)	ja	E
30 g.	Pastinake	ja	F
30 g.	Zucchini	empfehlenswert	E
10 g.	Fenchel	wenig	E
50 g.	Kartoffel	empfehlenswert	E
20 g.	Wasser	ja	E
10 g.	Hafer Flocken (Vollkorn)	wenig	M
30 g.	Orangensaft	wenig	H
8 g.	Rapsöl	empfehlenswert	E

Kochanleitung:
Das Gemüse und die Kartoffeln waschen, würfeln und in wenig Wasser dünsten. Wasser und Haferflocken zugeben, alles pürieren und schließlich das Öl untermengen.

6.46 Weizenfrischkornbrei mit Birnen

Befeuchtet Lunge, kühlt Hitze, reduziert Lungenschleim. Nährt Yin von Herz und Niere, stärkt Herz und Niere, entspannt, baut Qi auf, verteilt.
Kalorien p. Portion 309
Kochdauer ca. 25 Min.
Thermische Wirkung: kühl

Menge	Zutaten		
1 Tasse	Weizen	ja	H
2-4 Tassen	Wasser	ja	E
2 Stück	Birne	empfehlenswert	E
1 EL	Rosinen	wenig	E
1 EL	Sesam, Weißer	empfehlenswert	E
1 EL	Sonnenblumenkerne	empfehlenswert	E
1 Prise	Kardamom	empfehlenswert	M
1 Prise	Salz	wenig	W

Kochanleitung:
Vorbereitung am Vorabend: Weizen grob schroten; über Nacht einweichen.
Am Morgen: Mit etwas heißem Wasser den Weizenschrot aufsetzen; etwa 15 Minuten unter Rühren köcheln; währenddessen, Birnenkompott, Rosinen, zerstoßenen Sesam, Sonnenblumenkerne, etwas gemahlenen Kardamom, eine kleine Prise Salz dazugeben.

7 Wirkung der Lebensmittel

7.1 Zutaten verwenden: empfehlenswert

Aal geräuchert	291
Acaipulver	393
Acerola Fruchtnektar oder Pulver	35
Agavendicksaft	312
Ahornsirup	268
Aloesaft	-
Amaranth POPS	374
Andornkraut	-
Angelikawurzel	-
Apfel (süß)	60
Apfelmus	72
Apfelsaft (Naturtrüb)	50
Aprikose getrocknet	249
Aprikosen Marmelade	272
Aprikosennektar	58
Astronautenkost	418
Austern	72
Austernpilze	31
Austernschalenpulver	-
Avocado	233
Backpulver	156
Baldrian	-
Banchatee	-
Bärentraubenblätter	-
Bärlauch (Knoblauchspinat)	-
Barsch	121
Bataviasalat	-
Beeren der Saison	-
Beerensaft	-
Benediktendistel	-
Berberitzenrindetee	-
Bier (alkoholarm)	55
Bier (alkoholfrei)	26
Birne	60
Bitter Lemon	52
Bitterklee	-
Bitterlikör	-
Bitterorangenschale	-
Blätterteig	418

Blattsalate (bitter) ... 16
Blumenkohl (Karfiol) ... 27
Blütenpollen ... -
Bocksdornfrüchte (Fructus Lycii) getrocknet ... 73
Bockshornklee ... -
Bohnen (grün, frisch) ... 35
Bohnenkraut ... 50
Borretsch ... 21
Borretschöl ... -
Bratöl ... -
Brennnessel ... 24
Brie ... 335
Brokkoli ... 33
Brombeerblätter ... -
Brombeere getrocknet (unreife) ... -
Brombeermarmelade ... 267
Brösel (Weizenbrot, Semmel) ... 263
Brot mit Johannisbrotkernmehl ... 222
Brötchen (Semmel) ... 263
Buchweizen ... -
Buchweizen (geröstet) Kasha ... -
Buchweizen Vollkorn ... 351
Buschbohnen ... 26
Butter (halbfett) ... 3.830
Butter Bio ... 754
Butterbohnen weiße ... 274
Butterschmalz ... 897
Calamari ... 88
Camembert ... 288
Campari ... -
Cashewnüsse ... 600
Champignon ... 27
Chana-Dal ... -
Chenpi (chinesische Mandarinenschale) ... -
Chinakohl ... 16
Chrysanthemenblütentee ... -
Colagetränk ... 60
Colagetränk (kalorienarm) ... 4
Cranberrys ... 53
Creme fraiche ... 387
Currypaste rot ... 104
Dashi ... 167
Datteln getrocknet ... 325

Datteln rot	143
Dill	43
Dinkel Flocken	327
Distelöl	899
Dornhai (Seeaal, Schillerlocken)	154
Dorsch	96
Dulse (Lappentang)	246
Edamer	354
Eibennuss	-
Eibisch	-
Eisbergsalat	13
Emmentaler	398
Ente (Frühmastente, schlachtfrisch)	227
Ente (Herz)	-
Entenei	186
Enziantee	-
Enzianwurzel	-
Erbse, grün	81
Erdbeermarmelade	268
Erdnuss (geröstet)	629
Erdnussbutter	611
Erdnüsse	-
Erdnussöl	895
Essig (Rotweinessig)	21
Essig Aceto Balsamico	21
Essig Aceto Balsamico weiss	21
Essiggurke	16
Estragon	52
Färberdistel (Hong Hua)	-
Färberginsterkraut	-
Feige	78
Feige getrocknet	239
Fenchelsamen gemahlen	348
Fernet Branca (Kräuterbitterlikör)	-
Feta	236
Fisch Innereien	-
Fischreste	-
Fischsauce	30
Flaschenkürbis	13
Flohsamen	10
Flunder	117
Forelle	105
Forelle (geräuchert)	120

Frischkäse	274
Frischkäse aus Soja	363
Frischkäse mit Kräuter	341
Früchtetee	1
Fruchtzucker (Fruktose, Traubenzucker)	406
Gagelpflaume	-
Galgant	-
Gans	342
Gans (Gänseklein)	354
Gans (Gänseschmalz)	900
Gänseblümchen	-
Gänseblut	-
Garam Masala Pulver	-
Gelatine weiss	-
Gelee Royal	-
Gemüsesaft	18
Gerste	354
Gerste (Nacktgerste)	354
Gerste (Perlgerste)	354
Gerstengras Pulver	371
Gerstengraupen	350
Gerstengrütze	314
Gerstenmalz	291
Gerstenmehl	354
Ginkgofrucht	-
Ginseng	-
Ginsenglikör	-
Ginsengwurzel	-
Glühweingewürzmischung	-
Gorgonzola	356
Gouda	365
Grapefruit getrocknete Schale	-
Grundrezept für eine Entenbrühe	660
Grundrezept für eine Fischbrühe	82
Grundrezept für eine Gemüsebrühe nahrhaft	19
Grundrezept für eine Hühnerbrühe wärmend	39
Grundrezept für eine Reissuppe (Congee)	50
Grundrezept für eine Rinderbrühe	-
Grundrezept für eine Rinderbrühe (klar)	34
Grundrezept für eine Rindermarkknochenbrühe	-
Guave	-
Gurke	13
Gurke (bitter)	12

Gurke (Gewürzgurke)	13
Hafer Flocken geröstet	353
Hafer Milch	45
Hagebutte	246
Hase	153
Hase, wild	113
Haselnüsse	656
Hefe	313
Heidelbeere getrocknet	72
Heidelbeermarmelade	271
Heilbutt	101
Hibiskustee	-
Hijiki	139
Himbeerblättertee	-
Himbeermarmelade	269
Hirsch Knochen	-
Hirsch Nieren	-
Hirse	362
Hirseflocken	369
Hokkaidokürbis	27
Holunderbeeren	53
Honig	302
Honigmelone	21
Honigwein (Met)	110
Hopfen	-
Huhn Blut	-
Huhn Ei	154
Huhn Eigelb	354
Huhn Eiweiß	50
Huhn Herz	124
Huhn Magen	-
Hüttenkäse	103
Ingweröl	-
Jakobstränen	-
Jasminblütentee	-
Joghurt Vanille	68
Johannisbeermarmelade (rot)	272
Johannisbeermarmelade (schwarz)	278
Johannisbeernektar (schwarz)	70
Johannisbrotkernmehl	60
Kaffeeweißer	549
Kaki-Pflaume	71
Kaktusfeige	-

Kalmus .... -
Kamille 1
Kamillentee .... -
Kaninchen Fleisch 154
Kapern (eingelegt) 23
Kapuzinerkresse .... -
Karausche 112
Kardamom 360
Kartoffel 68
Kartoffel (mehlige) 68
Kartoffelmehl .... -
Käsepappeltee .... -
Kastanien Püree (Maronen) 173
Kerbel .... -
Kerbel getrocknet 209
Kichererbsen 346
Kirsche (sauer) 53
Kirschenkompott 85
Klementine 33
Knäckebrot 358
Kohlrabi 31
Kohlrübe 22
Kokosfett 894
Kokosflocken 604
Kokosmilch 24
Kokosnussfleisch 367
Kokosraspeln 604
Kompott (Früchte der Saison) .... -
Koriander 321
Koriandergrün 266
Korinthen (rot) 21
Korinthen (schwarz) 28
Krake .... -
Kräuter bittere .... -
Kräuter der Provence .... -
Kräuter verschiedene .... -
Kräuter Wildkräuter .... -
Kräuterteemischung 1
Kresse 38
Kukichatee .... -
Kümmel 333
Kümmel gemahlen 333
Kürbis 27

Kürbiskerne	597
Kurkuma (Gelbwurz)	376
Kuzu	342
Lamm Leber	133
Lamm Nieren	-
Laugengebäck	340
Lavendelblüten	-
Leberglättertee	-
Leinöl	900
Leinsamen	-
Leinsamen (geschrotet)	372
Liebstöckelsamen	-
Lilienzwiebel	-
Limabohnen	80
Lindenblütentee	-
Löffelbiskuit	416
Loquate/Japanische Mispel	47
Lorbeerblatt	313
Lotossamen	-
Lotoswurzeln	-
Löwenzahnsaft	-
Luohan-Frucht	-
Lycheelikör	-
Magermilchpulver	367
Mais	375
Mais (geröstet)	-
Mais (Schnellpolenta)	330
Mais Grieß (Polenta)	345
Mais Mehl (Maizena)	368
Maiskeimöl	899
Maisstärke	370
Makannasternsamen	-
Makrele	180
Malz	281
Malzbier	48
Mandelmilch	624
Mandelmus	624
Mandeln	640
Mandeln Marzipan	486
Mangosaft	50
Maniokmehl	337
Margarine	720
Margarine (Diät)	720

Marillensaft	58
Martini	-
Mascarpone	434
Mayonnaise 50%	482
Mayonnaise 80%	744
Mehrkornbrot (Graubrot)	211
Mineralwasser	-
Mirabelle	67
Miso	198
Miso schwarz (fermentiert)	124
Mispel	42
Mittelmeerfisch (Kabeljau, Scholle, Schellfisch, Seeaal, Makrele)	-
Mixed Pickels	1
Molke	25
Moosbeere	48
Morchel (schwarz, getrocknet)	10
Mu-Erh-Pilz	-
Mungobohnensprossen	24
Müsli	359
Nachtkerzenöl	-
Nektarine	56
Nierenbohnen (rote)	314
Nori, Purpurtang, Rotalge	40
Nudeln (Vollkorn) mit Ei	102
Nudeln (Weizen) mit Ei	353
Nudeln (Weizen, Bandnudeln) mit Ei	353
Nudeln (Weizen, Lasagneblätter) mit Ei	353
Nudeln (Weizen, Spagetti) mit Ei	353
Obstmischung Fruchtsaft	63
Odermennig	-
Oliven grün	144
Olivenöl	897
Orange abgeriebene Schale	-
Orange getrocknete Schale	-
Orange Schale	-
Orangenblüten	-
Orangenmarmelade	273
Oregano frisch	68
Palmöl	898
Paprika (süß)	24
Paranuss	703
Passionsblumenblütentee	-
Passionsfrucht (Maracuja)	79

Peperoni 20
Peperoni, gelb, entkernt, halbiert .... -
Peperoni, rot, entkernt, halbiert .... -
Petersilienwurzel 33
Pfefferminze 43
Pfefferminztee 375
Pfeilwurzelmehl .... -
Pferd Fleisch 119
Pfifferlinge/Eierschwammerl 12
Pflaume getrocknet 261
Pinienkerne 674
Pintobohnen gesprenkelt .... -
Pistazien 638
Preiselbeermarmelade 271
Prosecco 75
Puddingpulver Vanille 382
Pumpernickel 188
Pute Schinken 102
Qualle .... -
Quitte 38
Rapsöl 917
Reineclaude 72
Reis Langkornreis 347
Reis Rundkornreis 350
Reis Wilder (Naturreis) 353
Reishi 27
Reisstärke 343
Rettich (weiß, grün, lila-rot) 19
Rettich Meerrettich (Kren) 48
Rettichblätter (vom Wochenmarkt) .... -
Rind Herz 124
Rind Herz (Kalb) 114
Rind Knochenmark 837
Rind Lunge (Kalb) 94
Rind Niere 116
Rind Ochsenschwanzstücke 184
Rind Suppenfleisch 148
Rindfleisch (Kalb) 137
Roggen Vollkornbrot 306
Rosenblättertee .... -
Rosenblütentee .... -
Rosenkohl 29
Rosenpaprika .... -

Rosenpaprika Pulver	306
Rotbarsch	105
Rote Grütze (ohne Zucker)	118
Rote Rübe	42
Rotkohl	18
Rum	312
Safran	349
Sahen 10% Kaffeesahne	203
Sahne sauer 10%	118
Sahne sauer 20%	205
Sahne sauer 30%	288
Salz Kräutersalz	21
Sanddorn	100
Saubohnen (Dicke Bohnen)	309
Sauerteig	310
Schafgarbe	-
Schafmilch Joghurt	94
Schafsmilch	102
Schlagobers (30 % Fett)	309
Schlehdorn	58
Schmelzkäse 12%	221
Schmelzkäse 30%	328
Schnaps	-
Schnecke	-
Schokolade	526
Schokolade (Diabetiker)	409
Schwarze Bohnen	-
Schwarzer Fungu Pilz	211
Schwarzkümmel	899
Schwarzwurzel	17
Schwedenkraut	-
Schwein Blut	-
Schwein Darm	-
Schwein Fett	-
Schwein Fleisch	336
Schwein Haut	-
Schwein Haxe (Eisbein)	194
Schwein Herz	89
Schwein Hirn	-
Schwein Lunge	-
Schwein Markknochen (Röhrenknochen)	-
Schwein Mettwurst	-
Schwein Nieren	114

Schwein Schinken	127
Schwein Schinken gekocht	216
Schwein Schinkenspeck	500
Schwein Schmalz	883
Seegurke	-
Sellerie Knolle	17
Sellerie Stangensellerie	17
Senf	143
Senf Dijon	85
Senf mittelscharf	86
Senf süß	187
Sesam Paste (Tahini)	663
Sesam, Schwarzer	594
Sesam, Weißer	594
Sesamöl	896
Sesamöl geröstet	896
Sherry	-
Shiitake, getrocknet	355
Shrimps	80
Silbermorchel, getrocknet	-
Soja Cuisine (Soja-Sahne)	418
Soja Tofu	72
Soja Tofu geräuchert	72
Sojabohne	418
Sojabohnen, Schwarze	418
Sojabohnen, Schwarze, fermentiert	418
Sojabohnenmilch	31
Sojamehl	418
Soja-Nudeln	325
Sonnenblumenkerne	524
Sonnenblumenöl	898
Spargel (grün oder weiß)	15
Speiserüben	26
Spitzwegerichtee	-
Steinpilz/Herrenpilz	20
Stevia (Süßkraut)	-
Stutenmilch	-
Süßholzwurzeltee	-
Süßkartoffel	118
Süßwasserfisch	-
Süßwasserkrebs	-
Tabasco	70
Taube Ei	-

Teemischung Harnsäuresenkend	-
Thymian getrocknet	276
Toastbrot (Vollkorn)	259
Tomate getrocknet	105
Tomatenmark	175
Tomatenpüre	17
Tomatensaft	15
Tonicwasser	38
Topinambur / Erdbirne	31
Trauben rot	73
Traubenkernöl	968
Traubensaft rot	73
Traubensaft weiß	73
Trüffel	56
Tsampa (geröstetes Gerstenmehl)	336
Umeboshipaste	41
Umeboshipflaumen (Japanaprikosen)	29
Vanille	-
Vanillepulver	-
Vanilleschote	261
Vanillezucker Natur	389
Vogelmiere	-
Vogerlsalat (Pflücksalat)	10
Vollkornbrot	233
Vollkornmehl	187
Wachskürbis	14
Wachtel Ei	154
Walderdbeeren	-
Walnüsse geröstet	-
Walnussöl	896
Weißbrot (Weizenbrot)	263
Weißbrot Baguette	263
Weißbrot Salzstangerl	263
Weißbrot Semmel	263
Weiße Bohnen	112
Weißfischchen	-
Weißkohl/Weißkraut	25
Weißwurz	-
Weizen Fladenbrot	240
Weizen Gras Pulver	-
Weizen Mehl Vollkorn	337
Weizen/Roggen Grau- Schwarzbrot mit Hefe	337
Weizengrassaft	-

Weizenkeimöl	879
Wermut	-
Wermutkraut	80
Wildkräuter	-
Wirsing/Grünkohl	22
Yamswurzel, Yamswurzelknolle	-
Ziegen- und Schafsblut	-
Ziegen- und Schafshirn	-
Ziegen- und Schafsleber	-
Ziegen- und Schafsmagen	-
Zitronengras	-
Zitronenmelisse (frisch)	43
Zitronenmelisse (getrocknet)	294
Zucchini	19
Zucker (Staubzucker)	400
Zucker Fructose Fruchtzucker	400
Zucker Glukose Traubenzucker	400
Zucker Kandis weiß	400
Zucker Melasse	400
Zucker Milchzucker	400
Zucker Palmzucker	400
Zucker Ursüße (Zuckerrohr) süß	400
Zuckerersatz (Süßstoff)	-
Zwetschken	43
Zwieback	394

7.2 Zutaten verwenden: ja

Adzukibohnen	263
Ananas	59
Ananassaft ungezuckert	59
Apfel (sauer)	60
Artischocke	12
Bier (Altbier)	43
Bier (Pils)	40
Birnensaft	68
Brombeere	29
Bulgur (Getreide)	-
Buttermilch	41
Chicorée	16
Chlorella (Süßwasser)	-
Clementinen	48
Couscous	345

Dinkel 320
Dinkel Brot 337
Dinkel Grieß 337
Dinkel Vollkornmehl 337
Endiviensalat 19
Erbsen 145
Erdbeere 37
Erdbeersaftgetränk 30
Fischstücke gemischt (Süßwasser) 100
Haifisch .... -
Heidelbeere 37
Heidelbeersaft 37
Himbeere 34
Himbeere getrocknet (unreife) .... -
Hiobsträne (Samen) YiYi Ren .... -
Holunderblütentee 237
Johannisbeere (rot) 45
Johannisbeere (schwarz) 54
Johannisbeere (weiß) 38
Karotte (Frühkarotte) 21
Karotte (Mohrrübe, Möhre) 41
Karottensaft ohne Zucker 41
Karpfen 127
Kefir 50
Kombualge .... -
Kopfsalat 17
Lachs 130
Linsen (Helmbohnen) 110
Linsen gelb 77
Linsen rot 77
Linsen schwarz 77
Lychee 76
Lychee (Konserve) 98
Malventee .... -
Mandarine 45
Melisse .... -
Mungobohne 273
Oliven 352
Pastinake 22
Preiselbeere 46
Preiselbeersaft 23
Quinoa 343
Radicchio 17

Reis Basmatireis	334
Reis Gaoliangreis (Sorghum)	-
Reis Klebreis	360
Reis Reisschleim	353
Reisnudeln	109
Rettich schwarz	19
Rind Leber	121
Roggen	312
Roggenmehl	312
Römersalat/Lattich-Salat	-
Sahne, süß 30%	322
Salbei	315
Sauerkirsche	58
Sauerkraut	-
Sauermilch	64
Sauerrahm 15% Fett	188
Schwarzaugenbohnen	-
Sojabohnen, Gelbe	418
Stachelbeere	38
Taube	-
Tintenfisch	87
Topfen 20%	118
Topfen 40%	143
Trauben weiß	73
Wachtel	175
Wakame	-
Wasser	-
Wasser heiss	-
Weißdorn	-
Weizen	321
Weizen Bulgurweizen	287
Weizen Flocken	321
Weizen Grieß	344
Weizen Grieß - Kindergrieß	344
Weizen Mehl	337
Zitrone Schale	-

7.3   Zutaten verwenden: wenig

Aal	267
Agar-Agar, Agartang	37
Amaranth	374
Ananas (aus der Dose)	88

Anis (gemeiner Fenchel)	378
Aprikose	42
Aubergine	25
Bambussprossen	10
Banane	96
Banane Kochbanane	96
Bohnenöl	-
Cumin (Kreuzkümmel)	411
Fasan	143
Feldsalat	14
Fenchel	31
Fencheltee	-
Gänseei	192
Garnele	101
Granatapfel	44
Grapefruit/Pampelmuse/Pomelo	43
Grapefruitsaft	47
Graskarpfen	-
Grünkern	324
Hafer	389
Hafer Flocken (Vollkorn)	399
Hafer Mehl	388
Hafer Schmelzlocken (Babynahrung)	399
Hafer Schrot	389
Hagebuttentee	205
Hirsch Fleisch	112
Huhn Fleisch	102
Hummer	90
Ingwer frisch	49
Joghurt (Natur, 1,5 % Fett)	48
Joghurt (Natur, 3,5 % Fett)	68
Kabeljau	76
Kaninchen Leber	-
Karambole/Sternfrucht	31
Kastanien (Maronen)	173
Kaviar	239
Kirsche	63
Kirschsaft	58
Kiwi	56
Klettenwurzeltee	-
Krabbe	-
Kuhmilch (1,5 % Fett)	45
Kuhmilch (Vollmilch 3,5 % Fett)	64

Kumquat	71
Kürbiskernöl	830
Languste	-
Lauch (Porree)	75
Lauchzwiebel Schnittlauch	27
Longane	60
Löwenzahn (junger)	46
Löwenzahnwurzeltee	-
Majoran	46
Mango	59
Mangold	23
Marillen	55
Maulbeerfrucht	36
Meeräsche	113
Meereskrebs	-
Miesmuscheln	51
Mozzarella	266
Nelke	322
Okra	31
Orange	53
Orangensaft	45
Papaya	13
Paprika	20
Parmesan	440
Pfeffer (gemahlen)	255
Pfeffer Cayenne	255
Pfeffer Körner	255
Pfeffer weiss (gemahlen)	255
Pfirsich	43
Pfirsich (Dose)	43
Pflaume	47
Pute Brustfleisch	102
Quargel 20%	125
Reh Fleisch	160
Reis Duftreis	351
Reis Roter	-
Reis Schwarzer	-
Reis Sorte beliebig	351
Reis Süßer	-
Reis Vollkorn	353
Reismalz	316
Reismehl	351
Rhabarber	18

Rind Filet 116
Rind Fleisch 148
Rind Fleischknochen 11
Rind Magen 94
Rosinen 272
Sago (Getreide) 341
Salz .... -
Sardellen/Sardine 124
Sauerampfer 27
Schafgarbentee .... -
Scholle 112
Schwein Magen .... -
Senfsamen .... -
Sojaöl 899
Sojapaste (Miso) 58
Sojasauce 70
Spinat 16
Stangenbohnen (Fisolen) 25
Sternanis .... -
Thunfisch 256
Tomate 17
Walnüsse 690
Wassermelone 34
Weizen Bier 42
Weizenkleie 172
Wildschwein Fleisch 102
Zitrone, Limette 95
Zucker (weiß, aus Rüben) 400
Zucker braun 406
Zwiebel Frühlingszwiebel 28
Zwiebel rot 28
Zwiebel Schalotte 22
Zwiebel weiss 28

7.4 Kontraindikativ wirkende Lebensmittel nicht verwenden

Basilikum
Basilikum (frisch)
Boxhornkleesamen
Chili (Schote oder gemahlen)
Curcuma (Gelbwurz)
Curry

Essig (Apfelessig)
Getreidekaffee
Grüner Tee
Hammel
Hering
Huhn Leber

Ingwer Pulver
Kaffee
Kakao
Knoblauch
Lamm Fleisch
Lamm Knochen
Lamm Schulter
Liebstöckel
Maishaartee
Mohn
Muskatnuss
Oregano getrocknet
Paprika (Rosenpaprika)
Petersilie
Piment
Radieschen
Rosmarin
Rotwein
Rucola (Rauke)

Sake
Schaffleisch
Schafskäse
Schimmelkäse
Schwarztee
Schwein Leber
Thymian
Wacholderbeere
Weißwein
Yogitee
Ysop
Ziege
Ziegen- und Schafsmilch
Ziegenkäse
Zimtpulver
Zimtstange
Zitrone
Zitrone Saft

8 Therapeutische Kräuter und deren Wirkungen

Keine definiert

9 Kräuter aus den Rezepten und deren Wirkungen

9.1 Kamille

Stärkt Sehkraft.
Reduziert inneren Wind und Hitze, kühlt Leber.

9.2 Koriander

Fördert Verdauung.
Schweiß treibend, reduziert Wind.

9.3 Kresse

Harntreibend, unterstützt das Wasserlassen.
Bewegt Qi und Blut, diuretisch, kühlt bei innerer Hitze, befeuchtet Lunge,

löst Stagnation, leitet nach oben.

9.4 Lauchzwiebel Schnittlauch

Bakterizid, beugt Krebs vor, stärkt Magensaftproduktion, fördert Verdauung und Durchblutung, fördert das Wachstum, löst Stagnation. Leitet nach oben.

9.5 Lilienzwiebel

Beruhigt Nerven.

9.6 Makannasternsamen

Stärkt Milz, lindert Diarrhö, reduziert Ausfluss.

9.7 Petersilie

Regt Leberfunktion an, entgiftet.
Nährt Blut und Leber, harmonisiert Leber und Milz, stärkt Sehkraft, bewahrt die Säfte, zieht zusammen.

9.8 Pfefferminze

Entkrampft, befreit Lunge und Nase (Inhalieren), reguliert Zyklus. Kühlt Hitze, vertreibt Schleim, Leitet Wind Kälte und Wind Hitze aus, bewegt Ma Qi, löst Stau.

9.9 Salbei

Trocknet aus, gegen Hefepilzinfektionen.
Vertreibt Schleim, leitet nach unten, Aktiviert Wei Qi, stärkt Qi.

9.10 Yamswurzel, Yamswurzelknolle

Baut Lunge, Milz, Niere auf.

10 Grundlagen der Ernährung

Die hier beschriebenen Grundlagen der Ernährung zeigen allgemeine Empfehlungen und beziehen sich nicht auf eine spezielle Therapieform. Die Empfehlungen der Therapie haben Vorrang.

10.1 Ernährung

Die regelmäßige Einnahme von Mahlzeiten in entspannter Atmosphäre. Ein wärmendes Frühstück gilt als guter Start in den Tag.
Mittags sollte die Hauptmahlzeit stattfinden - das Abendessen am frühen Abend.

Die Beachtung von Hunger- und Sättigungsgefühlen: Nicht überessen und nicht hungern, so lautet die Regel.

Die frische Zubereitung der Speisen aus naturbelassenen, regionalen Produkten. Tiefgekühlte, hitzekonservierte, industriell vorgefertigte oder mikrowellengegarte Lebensmittel werden abgelehnt.

Die Auswahl von Lebensmittel nach der Jahreszeit: Im Sommer mehr kühlende Nahrung, im Winter mehr wärmende Nahrung.

Mindestens zweimal am Tag Gekochtes essen. Speisen und Getränke sollen möglichst handwarm, niemals eiskalt oder heiß sein.

Rohkost, kurz gegartes Gemüse, frisch gepresste Säfte und Mineralwasser werden üblicherweise nicht empfohlen. Milch und Milchprodukte stehen nur dann auf dem Speiseplan, wenn sie problemlos vertragen werden.

Therapeutische Rezepte nicht über einen längeren Zeitraum ohne Rücksprache mit dem Arzt oder Therapeuten einnehmen.

1. Vielseitig essen
Lebensmittelvielfalt genießen. Merkmale einer ausgewogenen Ernährung sind abwechslungsreiche Auswahl, geeignete Kombination und angemessene Menge nährstoffreicher und energiearmer Lebensmittel. (Einerseits Schutz vor Unterversorgung mit essentiellen Nährstoffen und andererseits Schutz vor einer überhöhten Zufuhr unerwünschter Inhaltsstoffe.)

2. Reichlich Getreideprodukte - und Kartoffeln
Brot, Nudeln, Reis, Getreideflocken (am besten aus Vollkorn), sowie

Kartoffeln enthalten kaum Fett, aber reichlich Vitamine, Mineralstoffe, Spurenelemente sowie Ballaststoffe und sekundäre Pflanzstoffe. Diese Lebensmittel sollten mit möglichst fettarmen Zutaten verzehrt werden.

3. Gemüse und Obst - Nimm "5" am Tag ...
5 Portionen Gemüse und Obst am Tag, möglichst frisch, nur kurz gegart, oder auch eine Portion als Saft – idealerweise zu jeder Hauptmahlzeit und auch als Zwischenmahlzeit: Damit werden reichlich Vitamine, Mineralstoffe sowie Ballaststoffe und sekundären Pflanzstoffe (z.B. Carotinoiden, Flavonoiden) zugeführt. Das Beste, was man für die eigene Gesundheit tun kann.

4. Täglich Milch und Milchprodukte, ein- bis zweimal in der Woche
Fisch; Fleisch, Wurstwaren sowie Eier in Maßen. Diese Lebensmittel enthalten wertvolle Nährstoffe, wie z.B. Calcium in Milch, Jod, Selen und Omega-3-Fettsäuren in Seefisch. Fleisch ist wegen des hohen Beitrags an verfügbarem Eisen und an den Vitaminen B1, B6 und B12 vorteilhaft. Mengen von 300 - 600 g Fleisch und Wurst pro Woche reichen hierfür aus. Fettarme Produkte bevorzugen, vor allem bei Fleischerzeugnissen und Milchprodukten.

5. Wenig Fett und fettreiche Lebensmittel
Fett liefert lebensnotwendige (essenzielle) Fettsäuren und fetthaltige Lebensmittel enthalten auch fettlösliche Vitamine. Fett ist besonders energiereich, daher kann zu viel Nahrungsfett Übergewicht fördern, möglicherweise auch Krebs. Zu viele gesättigte Fettsäuren fördern langfristig die Entstehung von Herz-Kreislauf-Krankheiten. Pflanzliche Öle und Fette bevorzugen (z.B. Raps-, Oliven- und Sojaöl und daraus hergestellte Streichfette). Auf unsichtbares Fett achten, das in Fleischerzeugnissen, Milchprodukten, Gebäck und Süßwaren sowie in Fast-Food- und Fertigprodukten meist enthalten ist. Insgesamt 70 - 90 Gramm Fett pro Tag reichen aus.

6. Zucker und Salz in Maßen
Nur gelegentlich Zucker und Lebensmittel, bzw. Getränke verzehren, die mit verschiedenen Zuckerarten (z.B. Glucosesirup) hergestellt wurden. Kreativ mit Kräutern und Gewürzen und wenig Salz würzen. Jodiertes Speisesalz bevorzugen.

7. Reichlich Flüssigkeit
Wasser ist absolut lebensnotwendig. Jeden Tag rund 1-2 Liter Flüssigkeit trinken. Wasser (ohne oder mit Kohlensäure) und andere kalorienarme Getränke bevorzugen. Alkoholische Getränke sollten nicht konsumiert

werden.

8. Schmackhaft und schonend zubereiten
Die jeweiligen Speisen bei möglichst niedrigen Temperaturen garen, soweit es geht kurz, mit wenig Wasser und wenig Fett - das erhält den natürlichen Geschmack, schont die Nährstoffe und verhindert die Bildung schädlicher Verbindungen.

9. Sich Zeit nehmen und das Essen genießen
Bewusstes Essen hilft, richtig zu essen. Auch das Auge isst mit. Sich beim Essen Zeit lassen. Das macht Spaß, regt an, vielseitig zuzugreifen und fördert das Sättigungsempfinden.

10. Auf das Gewicht achten und in Bewegung
Ausgewogene Ernährung, viel körperliche Bewegung und Sport (30 bis 60 Minuten pro Tag) gehören zusammen. Mit dem richtigen Körpergewicht fühlt man sich wohl und fördert die Gesundheit.
Thermik, Wirkrichtung, Verdauungskraft
Es gibt unterschiedliche Kriterien, die Wirksamkeit von Kräutern und Lebensmittel zu beurteilen. Der Einsatz der Kräuter und Zutaten basiert auf Beobachtung, was die Lebensmittel, Kräuter und Gewürze nach ihrem Verzehr im Körper bewirken. In der Medizin hat sich daraus folgendes System entwickelt: Jede Zutat oder Kraut hat eine Wirkrichtung. Außerdem gibt es noch Kräuter, die eine besondere Wirkung auf bestimmte Organe haben.

Voraussetzung für einen gesunden Stoffwechsel ist es, darauf zu achten, dass wir ausreichend Energie aus der Nahrung gewinnen und der Verdauungsprozess so wenig Energie wie möglich verbraucht. Eine bekömmliche Mahlzeit macht zufrieden und satt, verursacht keine Blähungen und keine Müdigkeit nach dem Essen. Richtiges Würzen erhöht die Bekömmlichkeit unserer Speisen. Es genügen oft schon geringe Mengen an Kräutern und Gewürzen. Sie dienen nicht dazu, uns satt zu machen, sondern helfen unseren Verdauungsorganen, die Nahrung zu verdauen.

10.2 Rezepte

Die Rezepte zeigen Ihnen welche Zutaten verwendet werden, sowie mit der Kochanleitung wie diese zubereitet werden. Bei den Zutaten wird neben den Mengenangaben auch die Wichtigkeit für die Therapie, das Wärmeverhalten sowie das Element angezeigt. Wenn dabei angezeigt wird "weniger als angegeben" versuchen Sie diese Empfehlung einzuhalten oder eine Alternative aus der Liste der "Empfohlenen Lebensmittel" zu finden. Meistens ist es nur eine leichte geschmackliche Änderung wenn Sie diese Zutat gänzlich weglassen.

Schonende Kochmethoden: Kochen, dämpfen, pochieren, dünsten
Scharfe Kochmethoden: Grillen, rösten, anbraten, räuchern
Ausgeglichene Kochmethoden: Frittieren, Römertopf

Auf das Einfrieren und erwärmen in der Mikrowelle sollte verzichtet werden (Denaturierung).

10.2.1 Rezepte nach Folge der Elemente kochen

In der TCM werden die Zutaten der Rezepte möglichst in der Reihenfolge der Elemente verwendet, welches eine erhöhte Bekömmlichkeit und energetische Qualität ergibt. Den Beginn macht die Kochmethode mit der begonnen wird. Wird in einer Pfanne oder Topf etwas erwärmt ist das Element das Feuer. Diese 5 Elemente stehen in Beziehung zueinander und haben eine natürliche Reihenfolge, die den Jahreszeiten entspricht.
Metall - Wasser - Holz - Feuer - Erde.
So stärkt das jeweilige Element das das ihm nachfolgende. Die Zutaten können dann in Gruppen der jeweiligen Elemente beigegeben werden. Es sollten nach Möglichkeit immer alle 5 Elemente in einer Speise vorhanden sein. Das Element mit dem man aufhört, ist am wirksamsten. Das bedeutet, gebe Sie am Ende noch etwas Petersilie über das Gericht, hat es den größten Einfluss auf die Leber, da sowohl Petersilie als auch die Leber zum Holzelement zählen.

Wenn Sie nach dieser Methode kochen wollen, sollten Sie bei einem TCM-Ernährungsberater oder einem TCM-Kochkurs weitere Feinheiten kennen lernen. Grundlagen sehen Sie auf:
https://de.wikipedia.org/wiki/Fünf-Elemente-Lehre

Organ	Element
Leber, Galle	Holz
Herz, Dünndarm	Feuer
Milz, Magen	Erde
Lunge, Dickdarm	Metall
Nieren, Blase	Wasser

10.3 Lebensmittel

In der Traditionell Chinesischen Medizin werden alle Lebensmittel den 5 Elementen Holz, Feuer, Erde, Metall und Wasser zugeordnet.

Lebensmittel wirken wie Heilkräuter auf Körper und Geist, nur wesentlich sanfter. Die Ernährungsberatung stützt sich hauptsächlich auf heimische Lebensmittel. Das Wissen über die Wirkungsweisen jedes einzelnen Lebensmittels und das Wissen wann welche Lebensmittel zur Anwendung kommen, entstammt der Schulmedizin. Verwende Sie möglichst Erzeugnisse aus ökologischen-biologischem Landbau.

Da wegen der besseren Verdaulichkeit grundsätzlich alles lange gekocht und kaum roh gegessen wird, ist die Verträglichkeit hervorragend.

Die Einteilung der Lebensmittel entsprechend ihrer Wirkung auf den Körper und bildet die Basis, um einen ausgewogenen und harmonischen Gesundheitszustand im Körper zu erreichen.

Grundsätzlich empfiehlt die Ernährungsberatung keine bestimmten Lebensmittel für Jedermann. Ausschlaggebend für den individuellen Speiseplan ist vor allem die persönliche Konstitution.

Kaufen Sie nur frisches und reifes Obst und Gemüse ein. Braune Stellen, welke Blätter aber auch unreifes Obst und Gemüse sollten Sie im Supermarkt zurücklassen. Greifen Sie dann zu Tiefkühlware (keine Fertiggerichte!). Tiefkühlobst und -gemüse werden kurz nach dem Ernten schockgefroren und enthalten deshalb oftmals mehr Vitamine und Mineralstoffe, als die Ware aus der Obst- und Gemüsetheke! Konserven- und Dosenware dagegen enthält wesentlich weniger Biostoffe. Zudem werden Letztere meist mit Salz, Zucker usw. angereichert. Lassen Sie die Zutaten nach dem Waschen nie im Wasser liegen, denn so gehen viele Vitalstoffe ins Wasser über! Putzen Sie Salate, Früchte und Gemüse erst unmittelbar vor Verzehr.

Beachten Sie bitte die hygienische Verarbeitung der Lebensmittel. Waschen Sie Ihre Salate, Früchte und Gemüse gründlich. Bei Gerichten mit Fleisch bereiten Sie zuerst die Zutaten vor und verarbeiten dann die Fleischprodukte. Reinigen Sie danach die Arbeitsflächen und Werkzeuge besonders gründlich. Holzunterlagen sollten regelmäßig mit leichtem Desinfektionsmittel behandelt werden um die Keimbildung einzuschränken.

Bewahren Sie Obst und Gemüse möglichst getrennt voneinander auf. Auch geerntete Früchte und Gemüse leben und strömen z.B. Ethylengas aus, das andere Sorten schneller reifen und altern lässt. Fleisch und Fisch in der verschlossenen Verpackung lassen oder in luftdichten Boxen im Kühlschrank aufbewahren.

10.4 Kräuter

Bei der Aufbewahrung und Lagerung von Heilkräutern, müssen gewisse Grundregeln beachtet werden. Grundsätzlich müssen Heilkräuter geschützt vor direkter Sonneneinstrahlung, vor Feuchtigkeit und vor heißen Temperaturen gelagert werden.

Als Gefäße für die Lagerung von Heilkräutern können Gläser, Keramik-Behälter und zur Not auch Plastik-Dosen eingesetzt werden. Plastik ist aber ein sehr unreines Material und sollte daher wirklich nur eine kurzfristige Notlösung sein. Bei Glasbehältern ist darauf zu achten, dass dunkles Glas verwendet wird.

Heilkräuter können nicht beliebig lange aufbewahrt werden. Die Haltbarkeit von Heilkräutern ist auf jeden Fall begrenzt. Durch die Haltbarkeitsdauer kann durch sachgerechte Lagerung wesentlich erhöht werden. So soll der Lagerplatz dunkel, eher kühl und absolut trocken sein. Ein Medizinschrank aus Holz, der nicht direkt bei einer Wärmequelle platziert ist wäre ideal. Um Ihre Heilkräuter nicht wegwerfen zu müssen, kaufen Sie nicht zu große Mengen an Heilpflanzen. Beschriften Sie die Behälter mit dem Namen des Heilkrauts und dem Datum der Ernte bzw. der Verarbeitung.

11 Weitere Ernährungsvorschläge

Folgende Syndrome der Diätetik, der TCM oder als Therapieergänzung bei Krebs sind verfügbar.

DIÄTETIK
1. Ernährung des Säuglings - Beikost
2. Ernährung in der Stillzeit
3. Ernährung im Alter
4. Ernährung von Kindern und Jugendlichen
5. Ernährung von Sportlern
6. Leichte Vollkost
7. Schwangerschaft
8. Vollkost

Eiweiß und Elektrolyt – Nieren
9. (Hämo-)Dialysebehandlung
10. Akutes Nierenversagen
11. Chronische Niereninsuffizienz
12. Nephrotisches Syndrom
13. Nierensteine (Nephrolithiasis)

Gastrointestinaltrakt - Bauchspeicheldrüse
14. Akute Pankreatitis (Entzündung der Bauchspeicheldrüse)
15. Chronische Pankreatitis (Entzündung der Bauchspeicheldrüse)

Gastrointestinaltrakt - Dünndarm und Dickdarm
16. Akute Obstipation (Verstopfung)
17. Chronische Obstipation (Verstopfung)
18. Colon irritabile
19. Divertikulitis
20. Erworbene Laktoseintoleranz (Laktosemalabsorption)
21. Fruktosemalabsorption
22. Glutensensitive Enteropathie (Zöliakie)
23. Kolektomie
24. Kurzdarmsyndrom

Gastrointestinaltrakt - Leber, Gallenblase, Gallenwege
25. Akute und chronische Hepatitis (Entzündung der Leber)
26. Cholelithiasis (Gallensteine)
27. Fettleber
28. Leberzirrhose

Gastrointestinaltrakt - Magen und Zwölffingerdarm
29. Akute Gastritis
30. Chronische Gastritis
31. Magenblutung
32. Ulcus ventriculi und Ulcus duodeni
33. Zustand nach Magenoperation

Gastrointestinaltrakt - Mundhöhle und Speiseröhre
34. Mundschleimhautentzündung
35. Ösophaguskarzinom (Speiseröhrenkrebs)
36. Reflüxösophagitis (Sodbrennen)

spezielle Krankheiten
37. Phenylketonurie (PKU)

38. Rheumatische Gelenkserkrankungen
Stoffwechsel
39. Adipositas (Übergewicht)
40. Diabetes mellitus
41. Essstörungen (Untergewicht)
Fettstoffwechsel
42. Hypercholesterinämie (erhöhter Cholesterinspiegel)
43. Hepatische Enzephalopathie
Herz- und Kreislauf
44. Arteriosklerose (Arterienverkalkung)
45. Herzinsuffizienz
46. Hypertonie (Bluthochdruck)
47. Hyperurikämie und Gicht
veränderter Nährstoffbedarf
48. bei Fieber
49. bei malignen Erkrankungen
50. nach Verbrennungen
51. Strahlen- und Chemotherapie

KREBS
100. Bauchspeicheldrüse
101. Blasenkrebs
102. Blutkrebs (Leukämie)
103. Brustkrebs
104. Darmkrebs
105. Magenkrebs
106. Nierenkrebs
107. Speiseröhrenkrebs

TCM
200. Blase - Feuchte Hitze in der Blase
201. Blase - Feuchtigkeit und Kälte in der Blase
202. Blase - Leere und Kälte in der Blase
203. Dickdarm - äussere Kälte befällt den Dickdarm
204. Dickdarm - Feuchte Hitze im Dickdarm
205. Dickdarm - Hitze blockiert den Dickdarm II akut
206. Dickdarm - Trockenheit des Dickdarms
207. Dickdarm - Yang Mangel (Kälte)
208. Herz - Blut Mangel
209. Herz - Blut Stagnation
210. Herz - Feuer
211. Herz - Heisser Schleim verstopft die Herzporen
212. Herz - Kalter Schleim verstopft die Herzporen
213. Herz - Qi Mangel
214. Herz - Yang Mangel
215. Herz - Yin Mangel
216. Leber - aufsteigender Leber-Yang
217. Leber - Blut-Mangel
218. Leber - Blut-Stagnation
219. Leber - feuchte Hitze in Leber und Gallenblase
220. Leber - Feuer
221. Leber - Gallenblase Qi-Leere
222. Leber - Kälte im Lebermeridian

223. Leber - Qi-Stagnation
224. Leber - Wind
225. Leber - Wind mit aufsteigendem Leber Yang
226. Leber - Wind mit Blutleere
227. Leber - Wind mit extremer Hitze
228. Lunge - Qi Mangel
229. Lunge - Schleim-Feuchtigkeit in der Lunge
230. Lunge - Schleim-Hitze in der Lunge
231. Lunge - Schleim-Kälte in der Lunge
232. Lunge - Trockenheit der Lunge
233. Lunge - Wind-Hitze befällt die Lunge
234. Lunge - Wind-Kälte befällt die Lunge
235. Lunge - Yin Mangel
236. Magen - Blutstagnation
237. Magen - Feuer
238. Magen - Magenkälte mit Flüssigkeit
239. Magen - Nahrungsstagnation
240. Magen - Qi Mangel
241. Magen - rebellierendes Magen Qi
242. Magen - Yin Leere
243. Milz - Hitze und Feuchtigkeit befällt die Milz
244. Milz - Kälte und Feuchtigkeit befällt die Milz
245. Milz - Qi Mangel
246. Milz - Qi Mangel + Absinkendes MilzQi
247. Milz - Qi Mangel + Milz kontrolliert das Blut nicht
248. Milz - Yang Mangel
249. Niere - Herz und Niere kommunizieren nicht mehr
250. Niere - Jing Mangel
251. Niere - Nieren können das Qi nicht empfangen
252. Niere - Qi ist nicht fest
253. Niere - Yang Mangel
254. Niere - Yin Mangel

12 EBNS - Software für die Ernährungsberatung

Die Hauptaufgabe der Datenbank ist eine „**personalisierte Ernährungsberatung**" für jeden Patienten individuell. Die Datenbank wurde für die Diätetik und Traditionellen Chinesischen Medizin entwickelt. Sie Unterstützt bei der Ausbildung und Beratung im Arbeitsalltag.

Das Computerprogramm liefert Listen von Rezepten, Zutaten und Kräuter, welche dem Klienten mitgegeben werden. Individuell nach Patienten-Wunsch von Vollkost bis Vegetarier (Lacto-, Ovo-, ...) einstellbar. Zu jedem Register gibt es ein INFOBLATT welches einmal dem Klienten mitgegeben werden kann.

Die Syndrome sind kombinierbar und ergeben eine Schnittmenge der empfehlenswerten Rezepte und Zutaten. Die automatisierte Diagnose für die TCM ermöglicht Ihnen während der Ausbildung Ihre Erfahrungen zu überprüfen sowie im Arbeitsalltag ihre Diagnose zu bestätigen. Sie wählen mehrere vordefinierte Symptome und lassen sich vom Programm die relevanten Syndrome automatisch anzeigen.

Wie Sie mit der Datenbank arbeiten können:
Sie können alle Werte verändern, neue Symptome oder Syndrome anlegen, Rezepte entwickeln, verändern oder Zutaten und Kräuter an Ihre Erkenntnisse anpassen. In der einfachen Klientenverwaltung werden alle relevanten Daten zu der Person gespeichert. Sie bekommen einen Überblick über die zurückliegenden Diagnosen und die Entwicklung des Krankheitsverlaufes.

Als Berater sparen Sie viel Zeit, wenn Sie für die erkannten Syndrome die Rezept-, Lebensmittel- und Kräuterlisten ausdrucken und den Klienten mitgeben. Diese Zeit können Sie für das persönliche Gespräch nutzen.

Alle Rezept- und Lebensmittellisten können Sie auch als Kombination mehrerer Erkrankungen bestellen. Mit der Datenbank können Sie außerdem für jedes Rezept die Nährstoffe und Spurenelemente angezeigt bekommen und Rezepte für Syndrome selbst mit vorgeschlagenen Zutaten entwickeln.

Weitere Informationen finden Sie auf http://www.ebns.at.
Josef Miligui, Tel.: +43 660 121 05 00